商业营业员基础知识

李福刚　主编

复旦大学出版社

编者的话
Editor's words

2020年是我国全面建成小康社会的决胜之年,是上海浦东开发开放30周年,是上海基本建成国际经济、金融、贸易、航运中心和形成科技创新中心基本框架的目标年,也是实现"十三五"圆满收官、为"十四五"良好开局奠定基础的关键年。上海要当好全国改革开放排头兵、创新发展先行者,在新时代坐标中坚定追求卓越的发展取向,着力构筑上海发展的四个方面战略优势,全力打响上海服务、上海制造、上海购物、上海文化四大品牌。上海商业迅猛发展,为上海四个品牌建设提供了有力的保障。众多现代化的商厦矗立在浦江两岸,新的业态层出不穷。

习近平总书记指出,职业教育是国民教育体系和人力资源开发的重要组成部分,是广大青年打开通往成功成才大门的重要途径,肩负着培养多样化人才、传承技术技能、促进就业创业的重要职责,必须高度重视、加快发展。要树立正确人才观,培育和践行社会主义核心价值观,着力提高人才培养质量,弘扬劳动光荣、技能宝贵、创造伟大的时代风尚,营造人人皆可成才、人人尽展其才的良好环境,努力培养数以亿计的高素质劳动者和技术技能人才。习近平总书记在全国高校思想政治工作会议上强调,要用好课堂教学这个主渠道,各类课程要与思想政治理论课同向同行,形成协同效应。在这方面,上海市近年来推行的"课程思政"改革提供了一套有价值、可推广的"上海经验"。

营业员处在商业经营活动的第一线,直接为消费者提供服务,营业员工作质量的高低直接影响着商业经营活动的效果,而营业员的工作质量又取决于营业员的素质。为助力打响上海四大品牌,适应消费升级的客观需要,提高营业员队伍素质已经成为一项重要战略。本书以认知营业员岗位为起点,在领会营业员职业道德规范的基础上,以营业员售前、售中、售后的实务工作为主体内容,并补充了新技术素养的相关内容。总结下来,全书有以下特点:

第一,以营业员岗位需求为着眼点。本书开篇直接聚焦营业员岗位,对营业员岗位的定义、服务范围、工作流程及内容、岗位特征、岗位意义、岗位角色定位、岗位职责等内容做了较为全面的概述,引导学员对自身工作岗位形成比较清晰的定位。这样的开篇符合职业教育的特点,而且做到了以岗位需求为导向,奠定了整本书突出技能培训的基调。

第二,以营业员职业道德建设为立足点。本书第二章对职业道德的内涵、重要性做了详细的论述,并对社会主义职业道德的基本要求做了详细的说明,从职业义务、职业权力、职业责任、职业纪律等四个方面全面阐述了营业员职业道德的主要范畴,并介绍了营业员职业道德规范的作用及其要求,引导营业员遵守职业道德,规范地提供服务。不以规矩,不能成方圆。本书突出营业员职业道德建设的特殊地位,这样的立足点非常必要且符合商业企业培训的客观要求,同时也是响应上海市近年来推行的"课程思政"建设的号召。

第三，以营业员岗位工作流程为核心点。本书以三章的篇幅，分别介绍了营业员售前准备实务、售中接待实务、售后服务实务，着重介绍了每个环节上具体需要培养的工作技能，全面具体且针对性较强，能够有效地指引营业员完成本职工作，提升服务的水平和效率。本书将营业员岗位工作有效地分成了三个环节，逐一解剖，细致入微，突出技能提升，符合职业培训的实用性要求，这样的谋篇是非常考究且有实效的。

第四，以营业员岗位新技术素养的养成为延伸点。本书最后一章详细地论述了新技术对零售商业、商品展示、移动支付、客户服务的影响，营业员在实际工作中应当与时俱进，积极拥抱新科技，利用新技术，增强消费者的体验感，提升消费者的满意度。新技术势必会对营销手段、商品展示方式、支付方式、客户服务的智能化等方面产生深刻的影响，同时也对营业员岗位提出了新要求。增加这样的章节，具有前瞻性和必要性，必定能够促进营业员新技术素养的养成，提升其自身岗位的竞争力。

大国倚工匠屹立，人才执技能齐飞。技能人才是人才队伍的重要组成部分，是助推产业发展、推进上海高质量发展的永续动力。本书岗位需求导向明确，章节逻辑框架清晰，突出岗位技能的提升，案例融合适当且通俗易懂，补充了适量的技术前沿内容，倒逼营业员不断学习创新。相信这样的一本教材，定能提升营业员队伍的实务技能，提升上海服务品牌。

在本书即将出版之际，回想整个编写过程，感慨万千：依稀记得从2018年10月至2019年1月，经过多次线下正式研讨、数轮线上头脑风暴，几易其稿，编写团队才最终确定了本书的逻辑框架；自2019年2月至2020年6月，从初稿的完成，到数次线下集体商议增删部分内容，再到编写团队互评定稿，可谓细致入微，精心谋划；自2020年6月至2020年11月，出版社编辑成稿，主编审稿并补充完善，出版社组织专家评审，并根据专家意见再次进行编辑修订，主编再次确认，每个环节都注重细节，专业用心。我们希望通过我们的努力，为广大学员提供一本职业教育特色鲜明的培训教材。

本书是整个编写团队集体智慧的结晶。感谢杨谊青教授顾问式的全过程指导，并且帮助我们搭建了编写团队；感谢陈巍副院长从职业培训需求视角对编写教材提出的建设性意见；感谢刘红老师（编写第二章）、汪遵瑛老师（编写第三章）、李鑫老师（编写第五章）、胡学庆老师（编写第六章）等几位参编者的全情投入、认真编写，使我们的教材如期而至；同时，感谢在整个编写过程中，史小妹老师、黄康芸老师周到细致的协调；感谢复旦大学出版社徐惠平副总编辑的大力支持，以及岑品杰、谢同君两位编辑细致的沟通和专业的编排；作为主编，我负责了第一章和第四章的编写以及全书审稿、统稿等工作，也深深体会到整个编写过程的繁杂，体会到了团队力量的强大。

在编写过程中，难免会有疏漏之处，望广大读者批评指正，我们会虚心接受、及时修订。愿我们的教材带给读者全新的工作思路、专业的工作技能，读者的收获是我们最大的希望。

上海杉达学院　李福刚
2020年11月30日

目 录
CONTENTS

第一章　营业员岗位认知 …………………………………………………… **001**
  第一节　营业员岗位的界定 ……………………………………… 002
  第二节　营业员岗位的特征 ……………………………………… 006
  第三节　营业员岗位的意义 ……………………………………… 007
  第四节　营业员岗位的职责 ……………………………………… 008

第二章　营业员基本职业道德规范 ………………………………………… **013**
  第一节　职业道德的内涵 ………………………………………… 014
  第二节　职业道德的重要性 ……………………………………… 017
  第三节　营业员职业道德的主要范畴 …………………………… 024
  第四节　营业员基本职业道德规范 ……………………………… 030

第三章　营业员售前准备实务 ……………………………………………… **039**
  第一节　仪容仪表仪态的准备 …………………………………… 040
  第二节　法律常识准备 …………………………………………… 044
  第三节　消费心理知识准备 ……………………………………… 050
  第四节　销售环境准备 …………………………………………… 054

第四章　营业员售中接待实务 ……………………………………………… **063**
  第一节　接触顾客并展示商品 …………………………………… 064
  第二节　处理异议并控制成交 …………………………………… 070
  第三节　收银服务 ………………………………………………… 080
  第四节　递交商品并与顾客道别 ………………………………… 082

第五章	**营业员售后服务实务**	087
第一节	商品退换服务	088
第二节	商品保修服务	090
第三节	商品维修服务	092
第四节	客户维护服务	094

第六章	**营业员新技术素养的养成**	109
第一节	新技术与零售商业	110
第二节	新技术与商品展示	118
第三节	新技术与移动支付	123
第四节	新技术与客户服务	129

参考文献 ………………………………………………………………… 138

第一章
营业员岗位认知

> **学习目标**
>
> 1. 了解营业员服务的行业范围、营业岗位的职责
> 2. 熟悉营业员的定义、营业员的岗位特征、营业员岗位的角色定位
> 3. 掌握营业员的工作流程及内容、营业员岗位的意义

第一节 营业员岗位的界定

一、营业员的定义

《中华人民共和国职业分类大典》中界定：营业员是指在营业场所从事商品销售、服务销售的人员。从事的工作主要包括：陈列商品；组装、调试商品；为顾客展示、演示商品；维护保养商品以及相关设备、工具；计量、包装商品；开票、收款；给付商品或为顾客提供咨询服务。营业员处在零售商品企业经营活动的第一线，直接为消费者提供服务，是零售商品企业一切工作的基础。营业员工作质量的高低直接影响着企业经营活动的效果，而营业员的工作质量又取决于营业员的素质。

（一）广义的营业员

从营销学角度来讲，营业员是指直接和顾客见面并为顾客提供销售服务的所有人员。这里的销售服务包括售前、售中和售后三个阶段。

（二）狭义的营业员

从商业运营实践角度来讲，营业员是指在商业服务业店面等候和接待主动上门顾客的所有人员，又称为狭义的营业员。本书中的营业员是指狭义的营业员。

二、营业员服务的行业范围

营业员服务的行业涉及珠宝首饰、饰品、礼品、化妆品、服装服饰、鞋帽、箱包、皮具、家居、家具、电器、电子通信、数码、童装、玩具、建材、装潢、五金、交电、钟表、眼镜、食品、日用品、书店、文具、音响、药品、保健品等。

三、营业员工作流程及内容

营业员的工作流程分为售前准备、售中接待、售后服务等三个阶段，每个阶段的具体工作内容如下。

（一）售前准备阶段

1. 仪容仪表仪态准备

营业员要做到仪容大方、仪表端庄、仪态自然。仪容、仪表涉及着装、彩妆、头发、鞋子、饰品等方面，要做到符合职场规范，清雅宜人；仪态主要是指要以清爽、整洁、饱满的精神接待顾客，保证自己的良好工作状态，积极进入工作角色，集中精力完成工作。如遇到新冠疫情之类的重大公共卫生事件，营业员要做好个人防护，在岗过程中全程佩戴口罩，同时备好防护服以及护目镜等防护物资，以备不时之需。

2. 商品知识准备

商品知识是指有关商品的一切知识，包括：商品名称、种类、价格、特征、功能、质量、款式、尺码、产地、制造商、商标、制造过程、原料、式样、颜色、使用方法、流行性等。营业员应该做到对所负责的每种商品的价格、产地、规格及特性都了如指掌；懂得进货、销售、运输、储存等业务知识；熟练掌握零售服务技术、柜组核算方法，以及单据、报表的编制与填写；此外，还应了解零售价格管理制度，以及对营业员的道德修养要求等企业管理基本知识。营业员要积极完善自身的各项工作技能，接受来自各方的培训指导，不断拓宽自己的思路，提高自身工作能力；必须坚守工作岗位，不得无故串岗、离岗，如有事离岗须向柜组长及其他员工做好委托。

3. 消费者知识准备

消费者知识主要包括顾客的消费心理、顾客的风俗习惯和顾客的方言等。随着经济的开放搞活，消费水平的提高，出外旅游、学习、打工的人越来越多，商店的顾客来自四面八方，也来自不同的社会层次。因此，对营业员的接待工作提出了更高的标准，营业员不仅要掌握好有关商品知识，还要了解和掌握不同顾客的消费心理和消费习惯，这样才能更好地服务于顾客。比如，在饮食方面，不同地方的顾客就有不同的爱好。安徽、浙江、江苏一带的顾客，喜爱吃甜食；东北顾客喜欢吃咸食；而福建、广东人讲究吃"鲜、嫩、滑"；山西、甘肃、新疆等西北顾客则是无酸不下饭。除了消费习惯不同以外，各地顾客还有自己地区的方言土语。比如"馄饨"，广东人叫"云吞"；四川人叫"抄手"；江西人叫"清汤"；福建人叫"皮肉"，如果营业员对这些一无所知，销售时就容易闹出笑话。

4. 售点环境准备（含商品陈列准备、理货并补货等）

营业前做好柜台、货架、商品及地面等环境卫生，达到干净、整洁、玻璃明亮；如遇疫情期间，还要做好卖场的系列消毒工作，且准备好体温枪、防护手套等防护物资；调整店内货品的陈列状况，要定期或应新品上市以及促销活动的需求而做出合理的陈列调整，不断更新店面的陈列状态，满足顾客需求的新鲜感，保证店面整体布局形成充满活力的氛围；应随时保持柜台及货架上的展示商品充足和整齐，不得出现展示商品不足和摆放零乱的现象；检查柜台及库存商品数量是否充足，不足的须及时填写"商品进货申报表"通知配货员补货，做到所有商品无断货现象；柜台到货须认真清点验收，及时上柜，同时配合配货员将上柜后余下的商品在储存板或货架上归类堆放整齐；及时做好卖场商品的物价标识和更换；掌握补货的工作技巧，避免因补货工作不到位，使库存压力增大，需结合具体货品类型，制定补货单据，上报店长，实施补货工作。

(二)售中接待阶段

1. 接触顾客并展示商品

营业员应该随时做好为顾客提供服务的准备,发现顾客有需要导购及服务的暗示时,应立即上前友善、真诚地为其提供各种服务。疫情期间,在接待顾客过程中,保持适度的距离;营业员在适当的时机和顾客进行初步接触后,接下来所要做的工作,就是商品展示。商品展示的目的就是让顾客了解商品,激发顾客对商品的兴趣,使商品给顾客留下较深的印象。要达到这个目的,就必须采取迎合顾客心理需求的商品展示方法。高明的商品展示,不但要能满足顾客对不同商品的选择要求,使之从不同的角度把商品看清楚,还要有意识地诉诸消费者的感官,提供一定的实际体验,才能达到理想的展示效果;展示商品还应注意有意识地诉诸顾客的各种感官刺激,尽可能地提供一定的操作实验;在展示商品时,为了适应顾客自尊心的需要,展示同一品种不同档次的商品,要注意由低档向高档逐级展示;如果从高档往低档降层展示,会有可能因为顾客出于自尊心或虚荣心而终止挑选。营业员还应特别注意在展示商品时的动作、语调与神态。通过在店内与消费者交流向消费者推销商品,提高品牌知名度。利用各种销售技巧,营造店内顾客参与气氛,提高顾客购买欲望,增加店内的营业额。

2. 处理异议并控制成交

很多时候由于顾客发生多种购买动机的心理冲突,抑制了购买欲望的进一步增加,阻碍了一笔交易的顺利达成。所以,营业员在柜台接待时,就应细致观察顾客感知反应,揣摩顾客的心理活动状态,进行诱导劝说,恰当处理顾客异议,增进购买欲望,进而控制好成交时机。根据顾客对商品介绍不满意的地方加以委婉的诱导说服,使之对自己不满意的理由发生动摇,继续发展到购买过程的以后阶段;站在顾客立场上委婉如实地解释商品的优缺点,满足顾客反复权衡利弊的心理需要;实在无法使之对原有选择的商品感到满意,则不可强人所难,否则会陷入僵局,甚至使顾客产生抗拒购买心理,明智的做法是诱导其建立新的"拥有概念";抓住要领推荐连带性或代用性商品,提示购买的方便;避免价格上的心理障碍,给予较多的思考机会,使其产生周到之感,满足顾客求方便、求实惠的心理;尽可能让顾客实际使用一下商品,体验目标商品的好处,加强对顾客各种感官的刺激,满足顾客对商品实际使用效果的深入了解;从商品的命名、商标、包装、造型、色彩和价格等方面,适当揭示某些迎合顾客心理的有关寓意或象征,增强商品的魅力,丰富顾客对商品各方面的联想,帮助顾客确立购买信心,促进实际购买行动。

3. 收银服务

收银服务工作是营业员工作的重要组成部分,是记录营业收入的起点,也是店面财务管理工作的重要环节。因此,营业员必须对收银服务工作有细致和清晰的了解,并对收银服务工作中常见的问题有较好的应变能力,这样才能真正做到既可以顺利流畅地开展自己的业务工作,又能发挥收银工作岗位的监督职能,更好地为门店后续的财务核算工作奠定良好的基础。熟悉本岗位规章制度,工作程序;要掌握各部门服务项目价格和促销活动细则;举止大方、谈吐优雅、普通话标准、问好到位、站姿标准等。

4. 递交商品并道别顾客

营业员向顾客递交商品时,要做到动作文雅、讲究礼貌、轻拿轻放。应根据不同购物对象和不同的商品作一些必要的说明。要将购买的商品及各种票证一同递交给顾客,嘱咐顾客查验且保管好各种购买凭证,递交的同时可简短介绍一下使用和保养注意事项,保修或退货规定。递交时应有礼貌、细致准确,双手将已包装好的商品轻轻放到顾客手中,注意不要交错,不要因顾客多、工作忙而将商品随意抛给顾客。道别顾客,是接待过程的最后一个环节,道别时营业员应该做到:态度亲切自然,用语恰当,有礼貌;当工作繁忙且顾客多时,不能用语言表达道别之意时,应微笑点头,或举手示意表示道别,给顾客留下良好的印象,给商店树立起信誉,为后续销售奠定良好的基础;道别也是一门学问,善于交际的营业员,应掌握一些道别技巧和道别方式。

(三)售后服务阶段

1. 商品退换服务

商品退换服务是商品销售的延续,认真妥善处理每一件商品退换事宜,是营业员义不容辞的责任。首先,在接待顾客退换货时坚持做到态度一样热情,服务一样周到,处理一样认真。其次,在处理过程中要严格遵守相关法律法规,具体处理程序如下:所有商品退换、修理,消费者须提供购物凭证;无任何凭证时,消费者能提供购买日期、商品价格,经核查无误,可依据"三包"规定处理,否则不予处理;商品退换应首先由当事营业员解决,当事人解决不了的由该楼层商品部逐级解决,商品部解决不了的报公司现场管理中心投诉站。现场管理中心为最终处理机构,依法提出处理意见,责任部门和商户都应遵照执行。对现场不能准确判断是否属于商品质量问题的退换问题,可与消费者协商,建议前往国家授权的技术监督检测部门检测,确定其责任,检验费由责任方承担,并依照检测结果办理。

2. 商品包修服务

《消费者权益保护法》第二十三条规定"经营者提供商品或者服务,按照国家规定或者与消费者的约定,承担包修、包换、包退或者其他责任的,应当按照国家规定或者约定履行,不得故意拖延或者无理拒绝"。第四十五条第一款规定"对国家规定或者经营者与消费者约定包修、包换、包退的商品,经营者应当负责修理、更换或者退货。在保修期内两次修理仍不能正常使用的,经营者应当负责更换或者退货"。第二款规定"对包修、包换、包退的大件商品,消费者要求经营者修理、更换、退货的,经营者应当承担运输等合理费用"。作为与顾客直接沟通的营业员,要做到遵纪守法,严格履行约定,且主动积极地联系相关部门,帮助顾客修理、更换或者退货。

3. 商品维修服务

商品维修服务作为售后服务的一部分,大体可以分为保修期内的商品维修服务和保修期外的商品维修服务。当商品在三包范围及有效期内时,消费者有权要求卖家免费为其提供商品维修服务。这类维修服务也可以称为保修服务,卖家为消费者提供商品维修服务时,一是不能向消费者收取任何形式的费用;二是要确保修理后的商品能正常使用至少30天;三是要单方面承担维修服务费用及因维修服务引起的各项损失。当商品在三包范围及时效之外时,卖方可以按照维修产品所需要的设备零件及人工成本来向消费者收取相应的费用。针对不同类型的商品,其维修的方式也有所不同。

4. 客户维护服务

收集顾客对商品和专卖店的意见、建议与期望,及时妥善地处理顾客投诉,并向上级主管汇报;定期通过电话、微信、短信回访客户,做好客户使用指导,反馈客户的意见;以会员到店有礼为由,促进二次销售;可根据实际情况对高潜力客户提供增值服务。例如,婚礼送礼、生日送礼、结婚纪念日送礼等,高潜力客户二次购买概率高,更值得进行投入。定期进行回访结果的统计与分析,目的在于了解大部分客户的意见与需求,以此为依据不断提升售后服务质量。

第二节 营业员岗位的特征

一、职业技巧维度的特征

(一)专业化的素质和强有力的自信

因为营业员是从事终端卖场的工作,在工作环境和工作压力上都存在着较大的负担,所以容易对自己失去自信。而又正因为营业员处于卖场的最前线,直接与商场客户面对面接触,因此对营业员的素质也提出了特别要求。所以营业员和企业需要从两方面努力:一方面营业员自身要提高自己的素质,规范日常工作行为,树立好自己的自信;另一方面企业要做好营业员的素质培训,帮助其增强自信。

(二)熟悉专业知识,提高语言表达力

营业员的工作重点之一就是向消费者卖出产品,当然对产品知识的了解就变得非常重要。营业员一方面要明确自身产品的卖点和优势,同时还要明确掌握竞争对手的劣势和不足,熟记产品知识。当然,只是了解产品知识而不懂表达也是不行的,所以营业员还要提高自己的语言表达能力,丰富自己的语言表达方式。当顾客问及产品的相关信息时,要能流畅地表达出来,并用通俗且顾客容易理解的语言表达出来。

(三)学会更好地接近顾客

去过卖场的人都知道,很多人都会觉得营业员如果突然出现在自己身边,或者在自己购物时一直为自己推荐和介绍产品,令人比较反感。这就提醒营业员,接近顾客是需要技巧的,至少你不能在顾客正全神贯注打量一件商品时突然出现在其身边。如果接触顾客的方法不得当,就容易给顾客带去负面的情绪,不利于接下来工作的开展。所以营业员在顾客咨询的时候不能太过热情,把握好恰当的接近顾客的时机。

(四)感恩顾客

不管怎样,顾客总是营业员是否完成工作的重点,因此还是要对其抱着感恩的心情。顾客购物结束之后,要对顾客对你的信任表示感谢。在必要的时候,可以主动帮顾客提重物或者联系送货员帮忙。

二、性格特质维度的特征

(一)谦逊

人们往往认为成功的营业员爱出风头、自高自大,但测试结果恰恰相反,绝大多数顶尖营业员在谦逊方面的得分处于中高水平。而且结果还表明,虚张声势、好卖弄的营业员错失的客户远远多于所赢得的客户。顶尖营业员不会让自己成为购买决策的焦点,而是让团队

(售前技术工程师、咨询顾问以及管理人员)成为核心,帮助自己赢得客户。

(二)有责任心

营业员应该拥有很强的责任心,拥有强烈的责任感、尽职尽责、为人可靠,对待自己的工作极为认真,而且对工作结果高度负责。营业员应该能够掌控客户,其面临的最糟情况就是放弃对客户的掌控,对客户言听计从,甚至更糟,把顾客推向竞争对手。因此,营业员应该学会控制销售进程。

(三)成就导向

营业员应该专注于实现目标,而且不断将自己的表现与目标进行比较。在销售周期中,营业员应努力弄清客户决策的关键点,因地制宜。营业员以目标为导向的性格特质,会自然推动他们与关键决策者会面,因此他们会针对销售对象,以及所售产品如何适合于客户制定针对性的销售策略。

(四)好奇心

好奇心是指一个人对知识和信息的渴求。营业员应该拥有更强的好奇心,应该好问,积极主动和客户沟通,这样会推动营业员从客户那里获得更多的信息,根据这些信息有针对性地推销,这样销售成功的可能性更大。

(五)不气馁

营业员要能够应对失望的情绪,能够从失败中恢复信心,并能从心理上为下一个销售机会做好准备,要善于总结经验,提升自己应对顾客的技巧,在困难面前也要越挫越勇,不气馁,善于排除自己的消极情绪,始终保持积极乐观的工作状态。

(六)降低自我意识

自我意识衡量的是一个人容易觉得尴尬的程度。高度的自我意识会让人容易感到害羞和自我压抑。营业员要能够适度降低自我意识,能够自如地为销售而战,并且在销售过程中不怕惹恼客户。营业员要善于以行动为导向,维系旧客户,也敢于开拓新客户。

第三节 营业员岗位的意义

一、营业员岗位的意义

(一)在零售企业中的地位极其重要

商品销售主要是通过营业员的技术性劳动和服务性劳动与消费者的双向沟通中实现的。营业员的柜台售卖活动是商品流通过程的终点,为把商品送到消费者手中,要付出搬运、整理、挑选、保管、陈列、拿送捆扎、计价收款等劳动,如果没有这些劳动,就不能实现商品

的价值,社会再生产就不能继续进行。

(二)营业员工作在社会中作用巨大

营业员通过自己联系面广、熟悉市场和擅长购销的特点,及时沟通生产部门与广大消费者,既可以促进生产发展,又可以引导消费。企业的经营理念都是通过营业员的一举一动体现出来的,营业员在塑造良好的企业形象过程中起着举足轻重的作用;顾客通过营业员的待客态度、服务语言、服务方式、服务作用来看社会风气、看形势、看政策,营业员的工作对社会主义精神文明建设起着促进作用。

二、营业员岗位角色定位

商店或企业的代表者营业员面对面地直接与顾客沟通,他(她)的一举一动、一言一行都在顾客的眼中始终代表着商店的服务风格与精神面貌。

(一)信息的传播沟通者

营业员对商店的特卖、季节性优惠等促销活动应了如指掌,当顾客询问到有关事项时,能及时热情地给予详细的解答。

(二)顾客的生活顾问

营业员要充分了解所售商品的特性、使用方法、用途、功能、价值,以及能给顾客带来的益处,为顾客提供最好的建议和帮助。

(三)服务大使

商店要有效地吸引消费者,不仅依靠店面豪华、陈列齐全、减价打折等手段,还要靠优质的服务来打动顾客的心。在当今社会激烈的市场竞争中,竞争优势将越来越多地来自无形服务,一系列微小的改善服务都能有效地征服顾客,压倒竞争对手,每一位营业员必须时刻牢记为顾客服务的使命。

(四)商店或企业与消费者之间的桥梁

营业员要把消费者的意见、建议与期望都及时地传达给商店,以便制订更好的经营和服务的策略,刺激制造商生产更好的产品,以满足消费者的需求。

第四节 营业员岗位的职责

一、商场营业员的职责

商场营业员作为企业产品或服务与消费者需求对接的桥梁,其具体职责如下。
(1)营业前做好柜台、货架、商品及地面等环境卫生,达到干净、整洁、明亮。

（2）补充商品，将柜台上不足的商品补齐，并检查柜台上所列商品是否齐全，有无新货需及时上柜，同时将顾客错放在本条柜的商品集中，待理货员送回原柜。

（3）营业中应随时保持柜台及货架上的展示商品充足和整齐，不得出现展示商品不足和摆放零乱的现象。

（4）检查柜台及库存商品数量是否充足，不足的须及时填写"商品进货申报表"通知业务补货，做到所有商品无断货现象。

（5）柜台到货须认真清点验收，及时上柜，同时配合配货员将上柜后余下之商品在储存板或货架上归类堆放整齐。

（6）随时做好为顾客提供服务的准备，发现顾客有需要导购及服务的暗示时，应立即上前友善、真诚地为其提供各种服务。

（7）观察销售环境，注意防止商品被盗。如有可疑情况和突发事件，要沉着冷静，迅速通知保安和区域主管到场处理。

（8）努力提高自身业务水平，做到对所负责的每种商品的价格、产地、规格及特性都了如指掌。

（9）随时保持商品及环境的卫生。

（10）交接班时，应对接班人员告知商品销售已补货和需补货商品情况，做到交接清楚、补货无重复。

（11）营业员必须坚守工作岗位，不得无故串岗、离岗。如有事离岗，须向柜组长及其他员工做好委托。

二、超市营业员的工作职责

在不同的超市工作，营业员的职能会有所不同，但大概的工作内容不会有太大变化，具体如下。

（1）保障库存商品销售供应，及时清理端架、堆头、货架并补充货源。

（2）保持销售区域的卫生（包括货架、商品）。

（3）保持通道的顺畅，无空栈板、垃圾。

（4）按要求整理陈列面，做到整齐美观，货架丰满。

（5）及时收回孤立的商品和处理破包装商品。

（6）保证销售区域的每一种商品都有正确的条形码和正确的价格牌。

（7）整理库存区，做到商品清楚，摆放安全，规律有序。

（8）先进先出，并检查保质期。

（9）服从管理人员的管理，并严格按要求执行。

（10）微笑服务，礼貌用语。

（11）根据店内安排，做好盘点工作。

三、直营店营业员的岗位职责

直营店是指由总公司直接经营的连锁店，总部采取纵深式的管理方式，直接下令掌管所有的零售店，零售店也必须完全接受总部指挥。作为直营店的营业员，其岗位职责具体如下。

(1) 遵循店面规章制度,按时报到,做好店面卫生清洁,并接受店长当天的工作安排。
(2) 保持良好的职业道德,接待顾客的咨询,了解顾客的需求并达成销售。
(3) 负责做好货品销售记录、盘点、账目核对等工作,按规定完成各项销售统计工作。
(4) 完成商品的来货验收、上架陈列摆放、补货、退货、防损等日常营业工作。
(5) 不得兼做其他公司的业务,如有发现者扣除全部工资,同时给予开除处理。
(6) 负责公司对外广告宣传,对外发放公司宣传资料,提高公司知名度。
(7) 积极帮助客户做力所能及的事,并完成上级领导交办的其他任务。

重要概念

广义的营业员　狭义的营业员　商品知识　消费者知识

一、单选题

1. 在商业服务业店面等候和接待主动上门顾客的所有人员,又被称为(　　)。
   A. 狭义的营业员　　B. 广义的营业员　　C. 管理人员　　D. 销售员
2. 从营销学角度来讲,所有直接和顾客见面的为顾客提供销售服务的人员,都可以被称之为(　　)。
   A. 狭义的营业员　　B. 广义的营业员　　C. 管理人员　　D. 销售员
3. 营业员的工作流程分为售前准备、(　　)、售后服务等阶段。
   A. 展示商品　　B. 处理异议　　C. 售中接待　　D. 促使成交
4. 营业员岗位的意义可以在零售业和(　　)中的意义两个维度思考。
   A. 社会　　B. 工业　　C. 农业　　D. 服务业
5. 营业员要把消费者的意见、建议与期望都及时地传达给商店,以便制订更好的经营和服务的策略,刺激制造商生产更好的产品,以满足消费者的需求。这反映了哪一种营业员角色定位(　　)。
   A. 信息的传播沟通者　　　　　　B. 顾客的生活顾问
   C. 服务大使　　　　　　　　　　D. 商店或企业与消费者之间的桥梁
6. 营业员对商店的特卖、季节性优惠等促销活动应了如指掌,当顾客询问到有关事项时,能及时热情地给予详细的解答。这反映了哪一种营业员角色定位(　　)。
   A. 信息的传播沟通者　　　　　　B. 顾客的生活顾问
   C. 服务大使　　　　　　　　　　D. 商店或企业与消费者之间的桥梁
7. 营业员要充分了解所售商品的特性、使用方法、用途、功能、价值,以及能给顾客带来的益处,为顾客提供最好的建议和帮助。这反映了哪一种营业员角色定位(　　)。
   A. 信息的传播沟通者　　　　　　B. 顾客的生活顾问
   C. 服务大使　　　　　　　　　　D. 商店或企业与消费者之间的桥梁
8. 商店要有效地吸引消费者,不仅依靠店面豪华、陈列齐全、减价打折等手段,还要靠优质的服务来打动顾客的心。每一位营业员必须时刻牢记自己是为顾客服务的导购员。这反映了哪一种营业员角色定位(　　)。
   A. 信息的传播沟通者　　　　　　B. 顾客的生活顾问

C. 服务大使　　　　　　　　　　D. 商店或企业与消费者之间的桥梁

二、判断题

1. 商品销售主要是通过营业员的技术性劳动和服务性劳动,及他们在与消费者的双向沟通中实现的。（　）
2. 商场管理人员是指在营业场所从事商品销售、服务销售的人员。（　）
3. 营业员的工作对社会主义精神文明建设起着促进作用。（　）
4. 经营者提供商品或者服务,按照国家规定或者与消费者的约定,承担包修、包换、包退或者其他责任的,应当按照国家规定或者约定履行,不得故意拖延或者无理拒绝。（　）
5. 收银服务工作是营业员工作的重要组成部分,是记录营业收入的起点,也是店面财务管理工作的重要环节。（　）

三、简答题

1. 简述广义的营业员与狭义的营业员的定义。
2. 简述营业员的工作流程和工作内容。
3. 简述营业员的角色定位。
4. 简述营业员岗位的意义。
5. 简述商场营业员的主要职责。

四、情景分析题

```
专卖店营业员                                6~8千/月
上海凡荣贸易有限公司    查看所有职位
上海-浦东新区 | 2年经验 | 中专 | 招若干人 | 05-08发布
带薪年假  五险一金  专业培训  做五休二

┃职位信息
岗位职责:
1.销售员每天上班必须执行签到、佩戴工作牌。必须遵守公司规章制度;
2.销售员每天上班后必须清扫店面区域的卫生并对样机进行清理清扫。保持店面样品摆放整齐、分类清晰;
3.销售员必须对店面产品熟悉、价格熟悉以及产品卖点熟悉;
4.销售员必须掌握店面产品库存,对缺货产品补上。了解产品销量比较好的产品随时进行备货;
5.负责门店的工作业绩销售计划、量化目标的制定和落实;
6.负责组织销售市场调研、信息收集和政策法规的研究工作,及时掌握市场动态,跟踪把握市场行情,及时提出合理的整体业绩销售计划和方案,认真组织落实和努力完成门店的业绩销售目标;
7.负责门店内各项业务(如:门店环境和员工工作状态监督、广告、门店会议、销售、培训、合同、按揭、收款、过户、房客源管理开发、财物管理、市场商圈调研,等等)的协调完成。
8.把握重点顾客,参加谈判和签定合约,责成交合同的签收及审核。
```

以上是上海凡荣贸易有限公司"专卖店营业员"的招聘职位信息,请结合以上信息,来谈谈营业员工作的内容以及营业员的角色定位。

第二章 营业员基本职业道德规范

> **学习目标**
> 1. 了解道德的内涵、营业员基本职业道德规范的作用
> 2. 熟悉职业道德的内涵与特征、职业道德的重要性
> 3. 掌握营业员职业道德的主要范畴、营业员基本职业道德规范的要求

第一节 职业道德的内涵

一、道德的内涵

(一) 道德的概念

道德是一定社会、一定阶级向人们提出的处理人和人之间、个人和社会之间、个人与自然之间各种关系的一种特殊的行为规范。道德是人们日常生活中最熟悉的一个概念,它是个既简单又复杂的问题。

说"道德"简单,是因为"道德"这种社会现象随时会出现在人们身边。在路上,能否很好地遵守公共秩序;在车上,能否把座位自觉地让给老人、病人、孕妇及抱小孩的乘客;在单位,能否自觉遵守纪律,文明生产,文明工作;在家里,能否尊敬父母、能否和邻居和睦相处。这些问题都是道德问题。这就是说,在人们日常生活、工作、学习中,处处都有道德问题。我们每个人随时随地对别人进行着道德评价,我们自己的言行也不时地被别人评价。比如,一个人做了一些好事,人们就说:"他是一个有道德的人"或"他是一个有修养的人";如果他做了一件不好的事,人们便指责说:"他的做法不道德"或"这人没有教养"。

说"道德"复杂,是因为如果进一步追问一下,究竟什么是道德,也许并不是所有人都能说得明白的。"道德"一词由来已久,早在两千多年以前,我国古代的著作中就出现了"道德"这个词语,"道"表示事物发展变化的规则;"德"表示对"道"认识之后,按照它的规则把人与人之间的关系处理得当。从中国儒家的创始人、伟大的思想家、教育家孔子开始,千百年来,人们就一直重视道德问题。其实,道德是强调人们行为"应当"怎样和"不应当"怎样的标准。比如,在社会主义社会,处理公共关系时,应当文明礼貌、助人为乐、爱护公物、遵纪守法、保护环境;处理家庭关系时,应当尊老爱幼、男女平等、夫妻和睦、勤俭持家、邻里团结,等等。

此外,道德随着社会的不断发展变化而发展变化。人类社会先后经过了原始社会、奴隶社会、封建社会、资本主义社会和社会主义社会,与此相应地也就先后产生了原始社会的道德、奴隶社会的道德、封建社会的道德、资本主义社会的道德和社会主义社会的道德。

(二) 社会主义道德概述

社会主义道德是指建立在社会主义经济基础之上,与社会主义的政治、经济、文化状况相适应的社会道德。社会主义道德的基本原则是集体主义。为人民服务是社会主义道德的核心,是社会主义道德原则区别于其他社会形态道德原则的显著标志。爱祖国、爱人民、爱劳动、爱科学、爱社会主义的"五爱"是社会主义道德原则的基本要求。

2014年5月4日,习近平总书记在北京大学师生座谈会上指出:"核心价值观,其实就是一种德,既是个人的德,也是一种大德,就是国家的德、社会的德。国无德不兴,人无德不立。如果一个民族、一个国家没有共同的核心价值观,莫衷一是,行无依归,那这个民族、这个国家就无法前进。"社会主义核心价值观的培育与践行,实际上就是社会主义道德的培育与践行。如果没有道德精神,国家和民族的兴旺将无法实现;没有道德精神,人的完善与社会的和谐将无从谈起;没有道德精神,中华民族伟大复兴将无法实现。

社会主义核心价值观的提出,是在道德生态模式探寻过程中的一个重大创新。这种"新",主要体现在三个方面:其一,人们的思想道德观念得到了历史性的更新。社会主义核心价值观的提出,关涉大德、公德和个人道德,推动了人们思想道德观念深层次、全方位的变革。立足这种新的认识,有助于把社会主义核心价值观日常化、具体化、形象化、生活化,使每个人都能感知它、领悟它,内化为精神追求,外化为实际行动,做到明大德、守公德、严私德。其二,社会主义道德体系得到了完善。在社会主义建设实践中,党和政府反复强调,要大力加强社会主义思想道德建设,营造全社会崇德向善的浓厚氛围。思想道德建设是社会主义精神文明的重要组成部分,是贯彻以德治国方略的重要环节,对于促进社会进步和全面建成小康社会具有巨大推动作用。注重从社会主义思想道德建设实践出发,深化对社会主义思想道德体系的认识、概括、提炼和总结,有助于实现对社会主义道德体系认识的高度统一,形成社会主义道德体系的清晰框架。其三,全民族道德素质得到了显著提高,社会道德风尚不断优化。社会主义核心价值观的提出与落实,使社会主义道德建设不仅在理论层面,而且在实践层面取得了显著成就和重要发展,人民群众的良好精神风貌日益焕发。富强、民主、文明、和谐成为国家层面的价值追求,自由、平等、公正、法治凝聚为社会共识,爱国、敬业、诚信、友善成为人们的自觉行动,这些都有助于我国良好道德生态的形成。

社会主义道德是由社会公德、职业道德和家庭美德等具体形式体现的,其中社会公德是个人道德修养和社会文明程度的集中表现,家庭美德是社会和谐的基础。社会主义道德建设是和谐社会建设的重要内容。

二、职业道德的内涵与特征

(一)职业道德的内涵

职业道德是从业者在职业活动中应该遵循的符合自身职业特点的职业行为规范,是人们通过学习与实践养成的优良职业品质,它涉及从业人员与服务对象、职业与职工、职业与职业之间的关系。职业道德行为规范是根据职业特点确定的,它是指导和评价人们职业行为善恶的准则。每一个从业者既有共同遵守的职业道德基本规范,又有自身行业特征的职业道德规范,如法官的秉公执法、官员的公正廉洁、商人的诚实守信、工人的重视质量与安全、医生的救死扶伤等,都反映出自身的行业道德特点。

(二)职业道德的特征

职业道德与一般道德有着密切的联系,同时又具有自己的特点。职业道德渗透在职业活动的方方面面,比一般道德更直接、更全面地反映一个社会的道德水准和道德风貌。

1. 行业性

职业道德是与人们的职业紧密相连的，一定的职业道德规则只适用于特定的职业活动领域，带有各自不同的个性特征，鲜明地体现着社会对某种具体的职业活动的特殊要求。它往往只约束从事该行业和职业的人员以及他们在职业活动中所发生的行为。例如，从事信息安全职业的人员确保信息安全是其主要的职业道德规范；教师是以为人师表、教书育人的高度示范性为其主要行为规范；产业工人是以注重产品质量和效益为其主要行为规范；从事服务业的人员以其热情周到的服务为其主要行为规范。再如，有时候医生为减轻病人的精神痛苦或增强病人战胜疾病的信心，而对病人说"假话"，隐瞒病情，这是医生职业道德可以允许的例外。而个别记者为了搞有偿新闻说假话，就违背了新闻工作者的职业道德，是不允许的。正因为职业道德具有行业性特征，从而表现出形式上的多样性。

2. 广泛性

职业道德是职业活动的直接产物。职业活动是人类最基本的实践活动之一，体现一定的职业道德。《公民道德建设实施纲要》中就明确提出"爱岗敬业、诚实守信、办事公道、服务群众、奉献社会"是从业人员职业道德规范的主要内容，所有从业者都应该共同遵守。职业道德具有广泛性的特征还表现在全世界的所有从业者都有共同遵守的职业道德规范，例如，通过医疗职业体现的人道主义、救死扶伤的精神；白求恩医生对医术精益求精、对工作极端负责的精神；英国护士南丁格尔对每一个病人都一样热心服务的精神。再如，爱岗敬业、忠于职守、诚实守信、团队合作、遵守职业纪律、遵守所在国法律、勤俭节约、奉献社会等精神，都具有世界职业道德的特征。四川汶川大地震发生后，党和国家领导人不顾危险亲赴一线指导抗震救灾，还有很多干部顾不上为自己失去亲人而痛苦，毅然奋战在救灾第一线；我们的武警官兵在余震不断、道路不通的情况下，冒雨强行军90千米赶到汶川，用双手从废墟里救人；空降兵写下遗书从5 000米的高空空降，为了解救危难中的群众，他们把自己的生死安危置之度外。进入2020年，一场席卷全球的新型冠状病毒突发，对人们的生命健康和安全造成了极大的危险。面对疫情，党中央和国务院高度重视，做出了一系列重要指示。医生、护士、志愿者等"最美逆行者"不断涌现，他们以最快速度救治患者、拯救病人的生命。钟南山、李兰娟、张定宇、张文宏等用平凡的身躯践行着不平凡的行动，他们身上体现了真正的职业道德和专业精神。这种忠于职守、奉献生命的精神，是全世界从业者共同提倡的职业道德，这种事例在世界各国的职业活动中都可以列举出来。可见，基本职业道德规范具有广泛性的特征。

3. 实用性

职业道德是根据职业活动的具体要求，对人们在职业活动中的行为用条例、章程、守则、制度、公约等简明的形式做出规定，这些规定具有很强的针对性和可操作性，简便易行，具体实用，易于从业人员理解和遵行。一个从业者的职业道德知识、情感、意志、信念、觉悟、良心、行为规范等都必须通过职业的实践活动，在自己的行为中表现出来，并且接受行业职业道德的评价和自我评价，职业道德是一个理论与实践的紧密结合体，学习职业道德是为了更好地实践。

4. 时代性

由于职业活动是代代相传的，所以不同时代的职业道德有许多相同的内容。但由于事物都是随着时代的变化而变化的，职业道德也随着时代的变化而不断发展，因而每一时期的职业道德,始终从一个侧面反映了当时整个社会道德的现实状况,在一定程度上贯穿和体现着当时社会道德的普遍要求,具有道德的时代特征。另一方面,随着经济的发展和科技的进步,一些新的行业诞生,新的行业职业道德规范也将应运而生。

第二节 职业道德的重要性

一、职业道德与个人自身的发展

(一) 职业道德是个人事业成功的保证

企业要在市场中求得生存与发展,不仅仅需要借助于现代经营管理和现代技术,而且还需要企业家和企业职工有较高的职业水平。如果企业家和职工不讲职业道德,让不道德经营成风,假冒伪劣充斥市场,买卖不讲信用,合同难于履行,债务随意拖欠,市场就只能是一个病态的市场。同时,如果企业家对职工不讲道德,谄上欺下;企业职工也不讲道德,不忠于职守,又缺乏质量意识、协作精神,那么就会造成企业内人际关系的紧张,就会最终导致企业的瓦解,甚至破产、倒闭。企业的职工缺乏职业道德,企业就不可能在市场的激烈竞争中求得生存与发展,个人也难在激烈的竞争中获得生存的一席之地和良好的发展空间。因而,讲职业道德无论从何种角度看,都是发展市场经济的必然要求。

在现代社会中,职业道德在各项事业中所起的作用表现得越来越突出。因为随着社会的进步,人们生活水平的提高往往是在人们享受产品和服务的质量中得到具体体现的,而产品和服务的质量取决于生产质量和服务水平,生产质量和服务水平的高低则又取决于人的职业技能和职业道德素质。我们每个人的工作都与他人的生活和整个社会的发展息息相关,如果每个人都有对他人的责任感和对社会的使命感,我们今天的社会中就不会有那么多的假冒伪劣,就不会有那么多的损人利己和危害他人的事件发生。在日益激烈的市场竞争中,产品的质量和服务的水平是企事业单位得以生存的主要因素,因此,越来越多的企事业单位开始注意自身的社会形象,开始注重提高单位职工的道德素质。卡耐基曾经说过:"一个人事业上的成功,只有15%是由于他的专业技术,另外的85%靠人际关系、处世技能。"这里的处世技能主要指的是与人沟通和交往能力,以及宽容之心、进取心、责任心和意志力等品质。

(二) 每一个成功的人往往都有较高的职业道德

职业道德反映一定的经济要求。当职业道德具体体现在一个人的职业生活中的时候,它就具体内化并表现为职业品格。职业品格包括职业理想、进取心、责任感、意志力、创新精神等。在每一个成功的人身上,这些品质往往都得到了充分的体现。这些品质是支撑一个人理想大厦永远不倒的精神支柱。这些品质的发挥程度与精神生活的充实程度和事业的成功程度是紧密相连的。很难想象一个既没有职业理想,也没有进取心、责任感、意志力等品质的人能够在事业上有所成就。这些品质不只是对一个人的职业有重要的作用,而且对他的生活、学习、家庭同样具有重要的作用。

二、职业道德与企业的发展

(一) 职业道德与企业文化

1. 企业文化的概念

企业文化(也称公司文化),是20世纪80年代美国根据企业经营管理的需要,吸收了日本企业的管理经验首先提出来的,它是一个企业的经营之道、企业精神、企业价值观、企业目标、企业作风、企业礼俗、员工科学文化素质、职业道德、企业环境、企业规章制度以及企业形象等的总和,是在一定的环境中,全体职工在长期的劳动和生活过程中创造出来的物质成果和精神成果的表现。企业文化虽然是一个新概念,但作为企业管理的一个要素,它是伴随着企业的产生而产生的。

2. 企业文化的主要内容

企业文化是由多种文化要素构成的复合体,它包含着非常丰富的内容,主要包括:企业环境、企业规章制度、企业价值观、企业经营之道、企业目标、企业作风、企业礼俗、企业职工科学文化素质和职业技能、企业职工的职业道德和企业形象。

(1) 企业环境即企业职工赖以工作和生活的硬件条件、设施,包括企业的整体环境、职工个人工作的局部环境以及企业的整个视觉形象。如果企业环境整洁、宽敞、明亮、安全、舒适、高雅,文化氛围浓厚并富有特色,就有利于激发职工的积极性、主动性、创造性,提高职工的向心力和凝聚力。

(2) 企业规章制度即企业制定的企业部门或全体职工必须自觉严格遵守的公约、守则、纪律等。企业规章制度保证生产、劳动的正常运转,协调领导与职工、职工与职工之间的关系以及企业的对外关系,是企业价值观、道德规范、行为准则和科学管理的反映。

(3) 企业价值观以及由此而形成的企业精神是企业文化的核心,是企业职工在长期的生产劳动、生活和经营管理中,在企业领导集体引导下逐渐建立起来的一种共同的价值取向、心理趋向和文化定式。如某公司提出"源文化、缘文化、圆文化"的"3Y"理念和"关爱工程、爱心工程、靓丽工程、生态工程、民生工程"的五个社会责任工程,企业内部倡导"客户为轴,员工为本"的七赢服务经营理念。企业价值观是企业、企业职工的精神支柱和活力源泉,是企业中最宝贵的精神财富。

(4) 企业经营之道是企业经营的指导思想、经营方针和经营战略。如北京某大厦的经营方针是"在品类齐全的基础上,以中高档商品为主,突出名、优、特、新、精商品",而经营的战略则是"商品以质取胜,经营以特取胜,服务以情取胜,购物以便取胜,环境以雅取胜,功能以全取胜"。

(5) 企业目标是企业在一定时期内预期达到的行为结果。它分长远的终极性目标和短暂的过渡性的工具性目标。作为企业文化的目标,一般指远大的、崇高的终极性目标。企业的战略目标对企业的发展极为重要,没有战略目标的企业是没有希望的企业。

(6) 企业作风是指企业职工在一定价值观的指导下,在实现企业目标过程中养成并持有的工作态度以及习惯化了的行为方式,它表现一个企业的风格和性格风貌。如艰苦奋斗、勤俭节约、一丝不苟、拼搏向上等。

(7) 企业礼俗是企业职工共同遵守的、习以为常的、固定不变的行为样式,是企业礼仪和习俗的总称。企业礼仪是指企业职工所遵守的礼节和举行活动所恪守的仪式,而企业习俗则是指企业在长期发展中逐渐形成并被全体员工所共同遵守的习惯风俗。如某企业每天早上都举行简短的晨会、升国旗、唱国歌、升厂旗、唱厂歌等活动。

（8）企业职工科学文化素质和职业技能对企业发展具有重要作用。日本松下公司曾提出"要出高质量的产品，首先要培养高素质的人"，这里高素质的人是指经过企业培养具有高科学文化素质和职业技能的员工，这样的人对企业的发展无疑有着无比重要的作用。

（9）企业职工的职业道德就是适应各种职业的要求而必然产生的道德规范，是人们在履行本职工作中所应遵守的行为规范和准则的总和。它包括职业观念、职业情感、职业理想、职业态度、职业技能、职业纪律和职业良心、职业作风等方面的内容。西安烟草分公司先进模范人物王兵，十三年如一日照顾一个患有偏执型精神分裂症的人，西安烟草分公司提出把企业文化建设的内容与人体的结构联系起来，即"精神文化像人心，执行文化像人手，形象文化像人脸。"他们把开展文化建设活动与学习本单位先进模范人物结合起来，用身边的人影响身边的人，用身边的事说明文化的力量。

（10）企业形象指社会公众和企业职工对企业的整体印象和评价，是企业通过多种方式在社会上塑造起来的形态面貌，它主要包括产品及服务的价格和质量、产品品牌信誉、职工风貌、企业内外的人际关系、企业的社会责任感、企业建筑和职工服饰风格以及企业的物质文化环境等。企业形象是企业文化的综合表现，其本质是企业信誉。

3．企业文化的功能

企业文化贯穿于企业生产经营过程的始终，对于社会的进步、企业的发展和企业职工积极性、主动性和创造性的发挥都具有重要的作用。企业文化的功能主要有自律功能、导向功能、整合功能、激励功能。

（1）自律功能：企业既是一种经济性组织，又是一种社会性组织，企业在追求利润最大化的生产经营过程中，既会给社会、消费者以及企业职工个人带来一定的利益，同时也有可能给社会、消费者和职工带来一定的危害。如将假冒伪劣产品出售给消费者，企业生产导致环境的污染、生态平衡的破坏等甚至给企业职工带来人身的伤害。企业若有一种高层次的企业文化，就会提高自律意识，就不会偏离为消费者和社会服务的方向，就会自觉克制和避免有可能给社会、消费者和职工带来危害的行为。

（2）导向功能：企业作为社会有机体的一部分，与社会的各个层面有着广泛而密切的联系。企业文化价值观念会通过企业的生产经营行为、广告宣传行为、职工的社会行为以及企业产品传递、辐射到社会的各个层面，对社会的价值观念起着导向作用。高层次的企业文化能够对社会价值观起到整体推进作用，形成文化价值观的良性循环，促进整个社会价值观特别是思想道德水平的提高；而不正当的企业价值观念则会形成文化价值观的恶性循环，导致社会道德水平的下降。弗朗西斯·福山在《信任：社会道德与繁荣的创造》中说，合乎伦理的企业组织与社会的文明进步互为作用，共同反映着这个社会的文明进步程度；相反，不合伦理的企业经营行为有损于社会的文明进步。可见，企业的伦理行为在社会文明进步程度中的催化作用不可低估。据记载，IBM公司在跨国经营中，从不行贿也不受贿，他们秉持这样一种价值准则：即便在与当地的行贿受贿企业的订货竞争中败北，也要体现该公司的伦理价值观，像IBM公司在跨国经营中的这种既不行贿也不受贿的价值观，就会对社会起到良好的导向作用。

（3）整合功能：现代化企业特别是跨国公司，往往规模巨大，内部层级、部门以及人员众多，不仅每一个部门、每一个职工都有与企业整体利益不同的独立利益，而且不同的职工其价值观念、思维方式和行为习惯也各不相同,因此企业内部若没有一种强大的力量整合、凝聚职工的人心,企业内就会不断发生矛盾和冲突。企业文化对企业就具有这种整合功能,它有利于提高企业广大职工的凝聚力。一方面,企业文化有利于抑制个人对企业集体的离心倾向,增强人们的整体意识、集体归属感和集体责任感;另一方面,企业文化有利于协调企业内部不同层级之间、不同部门之间职工人员的各种关系,及时消除分歧,化解矛盾,从而增强企业的合力。

(4) 激励功能:已经有丰富的理论和大量的事实证明,金钱并非人们生活和工作的唯一动力,远大的理想、实现人生的价值、渴求受到尊重和爱也是激励人们努力工作和奋斗的重要动力。企业崇高的文化价值理念本身就要求尊重、关心、爱护职工,它也有利于职工树立远大的理想和正确的人生观、价值观,因而能有效地激发职工的积极性、主动性和创造性。

4. 职业道德在企业文化中的重要地位

企业文化无论是对企业的发展,还是对社会的进步都具有重要的功能,但企业文化功能的发挥不是直接的。由于职工是企业的主体,因此企业文化必须以企业职工为中介,借助职工的各种生产、经营和服务行为来实现。如果职工缺乏一定的职业道德,自私自利,与企业貌合神离,那么,企业就不可能有良好的企业文化,当然也就更谈不上发挥应有的功能。职业道德在企业文化中的重要地位表现在以下六方面。

(1) 企业环境需要由职工来维护和爱护,如果职工没有爱厂如家的职业道德,不爱惜企业的厂房、机器、设备等,不讲究卫生,随意丢弃废物、堆放物品,企业环境就很难保持整洁、宽敞、明亮、安全、舒适、高雅。

(2) 如果职工没有严格遵守规章制度的觉悟,随意违反纪律,那么企业的规章制度就形同虚设。

(3) 实现企业价值观、经营之道和企业发展战略目标的主体是职工,职工若不能接受企业的价值观和经营之道,不把这种价值观和经营之道落实于生产经营行为之中,企业价值观、经营之道也就只能是空中楼阁,企业发展目标也不可能实现。

(4) 企业作风和企业礼仪本来就是职工职业道德的表现,如果职工不具有较高的职业道德水平,企业就不会有好的企业作风和企业礼仪,即使企业制定了一定的企业礼仪,也很难维持下去。

(5) 职业道德对职工提高科学文化素质和职业技能具有推动作用。职工若有较高的职业道德,就会刻苦学习科学文化知识,努力钻研业务,熟练职业技能。

(6) 企业形象是企业文化的综合表现。职工若没有较高的职业道德水平,不能保证产品和服务的质量,就会直接破坏企业形象。

职业道德在整个企业文化中占有重要位置,因此要有效发挥企业文化的功能和作用,就要求职工必须具有较高的职业道德水平。

(二) 职业道德是增强企业凝聚力的手段

企业是具有社会性的组织,在企业内部存在着各种各样错综复杂的关系,既有企业所有者之间的关系、所有者与经营者的关系、所有者与职工的关系,又有经营管理者之间的关系、经营管理者与职工之间的关系、职工之间的关系以及职工与企业的关系。这种种关系既有相互协调的一面,也有矛盾冲突的一面。这种矛盾与冲突有的是由物质利益分配不公引起的,有的是由于相互交流、沟通不够产生误解而引起的,也有的是由于职工间缺少相互尊重、言谈举止不文明引起的。而不管是什么原因导致的,如果解决不好都会削弱企业的凝聚力,都会对企业实现在各个阶段的发展战略目标产生消极的影响,严重时,将使整个企业成为一盘散沙,导致企业的破产和倒闭。这就要求企业所有的职工都应从大局出发,光明磊落,相互谅解,相互宽容,相互谦让,团结互助,共同协作,而不能意气用事,互相逞能,更不能互相拆台、勾心斗角,总之,要求职工必须具有较高的职业道德觉悟。

1. 职业道德是协调职工同事关系的法宝

在企业内,接触最多的是地位相同或工作相近的人,这种交往构成了企业内部人际关系的主体。概括地说,它可以分为以下几种:一是因正常的工作而形成的工作交往关系。如师徒间传、帮、带、学的交往关系;在工作程序上与上下游职工的交往关系;同事间相互提供工作帮助的交往关系以及其他工作关系。二是在工作闲暇时的非正式交往。如休息、午餐时间的交谈、逗乐、体育、娱乐活动;企业组织的联欢会、运动会、各种比赛的交往关系。三是由个人的意愿而进行的工作以外的交往关系,有的是基于搞好工作的需要,有的则仅仅是因为彼此性格相投。四是因工作接触而结交的知心朋友。这四种交往关系虽形式不同,但都是建立在大家同在一个企业工作的基础上的,这四种关系和谐、默契,能增强职工在企业工作中的满意度和企业的凝聚力,有利于企业的发展。

2. 职业道德有利于协调职工与领导之间的关系

企业中,职工与领导的关系在一定意义上说是互偿、互助、互利的关系。职工对领导的工作要支持,领导对职工的工作和生活要关心。职工对领导的支持,主要表现在认真履行自己的职责,保质保量地完成领导分配的各项任务,不给领导惹麻烦,在力所能及的情况下,积极给领导出谋划策,帮助领导排忧解难。领导对职工的关心,则表现在注意改善职工的工作条件,提高职工的福利待遇,给职工提供和创造受教育、培训以及晋升的机会等方面。职工与领导相处和谐、融洽、默契,双方都会感到心情愉快,因而能够提高各自对工作的满意度。领导信任尊重职工,就会充分调动职工的主人翁责任感,激发职工的积极性、主动性、创造性,促使职工为企业创造更多的财富,促进企业的发展和繁荣;职工尊重领导,卓有成效地完成领导交办的各项任务,就会受到领导的信任,乃至获得更多晋升的机会。

由于职工与领导是一种表面上不平等的关系,因而两者之间很容易产生矛盾和冲突。而在这种关系中,领导占据主导地位,因而产生冲突时,一般来说,领导应负主要责任。但这绝不是说,每次产生冲突,职工都没有责任或只负次要责任。事实上,到底由谁负主要责任,关键看产生冲突的原因。从职工的角度来讲,要避免产生冲突,必须要讲究职业道德,认真履行自己的工作职责,尊重领导。

3. 职业道德有利于协调职工与企业之间的关系

职工与企业的关系是企业中各种关系中最重要的一种,它是其他各种关系的基础,不仅影响和制约着其他各种关系,而且决定着企业的生存和发展,关系着职工的前途和命运。由于企业是法人组织,企业的各种规章制度、经营理念、价值观、发展战略目标等主要是企业所有者和高级经营管理者的意志的体现,对普通职工而言具有较高的权威性,因而在职工与企业的关系中,企业居于主导支配的优势地位,而职工则处于受支配的服从地位。因此,职工与企业的关系协调与否,主要责任在于企业。企业在经营管理上若能以职工为本,注重改善职工的工作环境,给职工提供一个安全、方便、舒适的工作条件,提高职工的福利待遇,多给职工创造接受教育、培训的机会,尊重职工的人格,公正公平地对待职工,关心职工的家庭生活,就能较好地协调职工与企业的关系。但仅有这一方面是绝对不够的,要保证职工与

企业关系的协调,还要求职工必须具有较高的职业道德水平,即要有高度的企业主人翁责任感,能正确处理个人利益与企业整体利益的关系,维护企业的形象,关心企业的前途和命运。

(三) 职业道德可以提高企业的竞争力

任何企业要想在竞争中获得生存和发展,就必须千方百计地提高自身的竞争力,而企业要提高竞争力,就必须提高产品和服务的质量;就必须不断革新工艺,改进设备,降低成本,提高劳动生产率,开发新产品;就必须不断完善企业形象,创造企业著名品牌。这些目标的实现,必须依赖于企业的广大职工,依赖于职工职业道德觉悟的提高。

1. 职业道德有利于企业提高产品和服务的质量

企业要提高产品的质量,给顾客提供优质的服务,就必须重视职工职业道德的教育和提高。

(1) 掌握扎实的职业技能和相关专业知识,是提高产品和服务质量的前提。

(2) 在企业的产品加工过程中,职工必须一丝不苟、精雕细琢、精益求精,要避免一切可以避免出现的问题;在服务性行业直接给顾客提供服务的过程中,职工必须文明礼貌、热情周到、耐心细致、百问不厌。这种工作的认真态度和敬业精神,是提高产品和服务质量的直接表现。

(3) 忠于企业,维护企业形象,力争为企业创造更大的利润,为企业的生存和发展做出自己的贡献,是提高产品和服务质量的内在精神动力。

(4) 严格遵守企业的规章制度,服从企业的安排,是提高产品和服务质量的纪律保证。

(5) 奉献社会,真正以顾客为"上帝",全心全意为顾客服务,为顾客提供方便,让顾客满意,是提高产品和服务质量的外部精神动力。

2. 职业道德可以降低产品成本、提高劳动生产率和经济效益

企业在生产经营过程中,如果能有效地降低产品成本,就可以提高企业的利润率,从而提高产品在市场上的竞争力,保证企业的发展和繁荣。而要降低产品的成本,就要求职工必须具有较高的职业道德。

(1) 职工具备良好的职业道德有利于减少厂房、机器、设备的损耗,节约原材料,降低废、次品率。

(2) 职工具备良好的职业道德,职工与职工之间、职工与领导之间、职工与企业之间就会保持协调、融洽、默契的关系,从而降低企业整体的协调管理费用。

(3) 职工具备良好的职业道德,给社会提供质量可靠、价格实惠的产品,对顾客服务热情周到、耐心细致、文明礼貌、讲求信誉,就会改善企业形象,提高企业声誉,增强企业在社会上的可信度,从而有利于降低企业与政府、社会和顾客的谈判交易费用。

(4) 职工具备良好的职业道德,有较强的时间观念,在工作中惜分珍秒,有利于提高劳动生产率,有利于提高企业在市场上的竞争力,有利于企业获得更高的利润。

3. 职业道德可以促进企业技术进步

在当今激烈竞争的新形势下,企业能否开发出新技术、新产品,关键看企业职工是否具有创新意识、创新能力和创新动力,而职工具有良好的职业道德,有利于职工提高创新能力,有利于企业的技术进步。

(1) 具有良好的职业道德是职工提高创新意识和创新能力的精神动力。职工如果爱厂如家,能自觉把个人的命运同企业的前途紧密结合起来,具有高度的主人翁责任感、高度的敬业精神和强烈的成才意识,一心想为企业的发展做出自己的贡献,那么就会有强有力的创新动力。

(2) 具有良好的职业道德是职工努力钻研科学技术、革新工艺、发明创造的现实保证。科学文化的学习、工艺设备的改进、新技术新产品的开发是非常艰苦的工作,一个人若没有坚韧不拔的毅力、勇于吃苦的拼搏精神,耐不住寂寞、经不起挫折,甚至承受不了世俗的冷嘲热讽和挖苦打击,就很难从事发明创造工作。

(3) 职工具有良好的职业道德是企业保守科技机密的重要条件。每一个企业要开发出新产品、新技术都要耗费大量的人力、物力和财力,而在当今市场竞争越来越激烈的情况下,总有一些企业想不劳而获,采取非道德、非正常的手段,获取其他企业花费了大量精力而开发出的新技术。如果职工(特别是掌握了企业核心技术的职工)缺乏一定的职业道德,受利益的诱惑和驱动,就有可能背叛企业,出卖企业的科技机密,给企业带来巨额的经济损失。

4. 职业道德有利于企业摆脱困难,实现企业阶段性的发展目标

任何企业在其发展过程中,都不可能一帆风顺;相反,经常会遇到这样或那样的困难和挫折,如受国际国内政治、经济形势和政策的变化或突发性自然灾害的影响,市场供求关系产生重大变化,从而导致企业资金周转不开、原材料购买不到、产品销售不出去,或者企业自身受到火灾、重大设备损坏等突发性灾变,这些情况都可能使企业处于困境。

当企业遭受挫折时,如果职工有崇高的职业道德,能爱司如家,以企业的前途和命运为重,为企业的大局利益着想,自觉舍弃和牺牲个人利益,与企业同心同德、同舟共济、奋力拼搏,企业可能摆脱困难,走出困境,起死回生。反之,当企业处于困境时,若职工与企业离心离德,首先想到的不是如何使企业渡过难关,而是如何维护个人的利益,如何尽快地谋求个人的出路,那么企业就将被置于死地。由此可见,职工职业道德的高低在一定情况下对企业的生死存亡起着决定作用。

此外,职工具有良好的职业道德还有利于实现企业阶段性的发展目标。在经济全球化趋势加强、买方市场占据主导地位,市场竞争呈现出越来越加剧、越来越激烈的情况下,市场如战场,市场的供求关系可以说几乎达到了瞬息万变的地步,新产品、新技术层出不穷,日新月异,昨天的时尚品牌今天可能已经过时,今天的畅销产品明天也可能会滞销。每个企业要在市场竞争中出奇制胜,永居不败之地,就必须适应市场供求关系瞬息万变的要求,制定各个不同发展阶段非常规性的企业目标。这样,职工就必须进行非常规性的工作和劳动,如法律允许范围内的加班加点、超负荷工作等,因而要求职工必须具备较高的职业道德。

5. 职业道德有利于企业树立良好形象、创造品牌

随着新技术革命和知识经济的到来,社会生产力突飞猛进,物质财富急剧增加,买方市场占据主导地位,人们的物质和文化生活要求基本得到了满足。在这种情况下,人们的消费更加关注品牌,具有良好社会信誉企业的商品已成为人们的首要选择。一种商品品牌不仅标志着这种商品质量的高低,标志着人们对这种商品信任度的高低,而且蕴涵着一种文化品位,代表着一种消费层次。一些著名品牌不仅对消费者具有巨大的吸引力,而且它本身就具有重要价值。据报载,美国可口可乐公司的无形资产已达到700亿美元,即使其一夜之间全部有形资产化为乌有,它仍可凭借其品牌再次崛起。因此任何一个有长远发展战略眼光的企业,都会竭尽全力创出其品牌。而无论是塑造企业良好形象还是创造企业著名品牌,都离不开职工的职业道德,都需要职工良好的职业道德作支撑。

企业形象是企业文化的综合反映,其本质是企业信誉,商品品牌是企业形象的核心内容,是整个企业生产、经营、管理和文化的结晶,商品品牌信誉度的高低反映着企业的综合素质。因此,职工只有具备全面良好的职业道德,在企业采购、生产、经营、销售和服务的每一个环节,恪尽职守,精益求精,才能树立企业良好的形象,有利于创造著名品牌。

在现代媒体十分发达的今天,企业职工在某一地区局部、某一事件上的不道德行为,通过媒体的曝光片刻之间就可传遍世界各地,它对企业形象造成的负面影响往往难以预料。有时候企业的经济损失不大,也许并不足道,但丑闻给企业形象所带来的消极影响却不是短时间内就能够消除的。反之,企业职工在某一事情上的高尚行为则会给企业形象带来非常积极的影响。如工商银行上海市分行浦东浦电路支行为一位百岁老人上门办理核证业务,用优质的服务赢得了客户的信任,拉近了与客户之间的距离,树立了良好的企业形象。

第三节 营业员职业道德的主要范畴

一、职业义务

(一) 职业义务的含义

职业义务主要是指在职业活动中,在道德上应尽的责任和不要报酬的奉献。由于义务使人与人之间、人与社会之间有各种各样的密切关系,因此,可以说只要有人群存在,就必然要求人们承担一定的义务。职业义务就是人们所承担的各种义务中的一种。例如,"救死扶伤,实行革命的人道主义",在社会主义社会里,既是医疗职业对医生提出的职业道德要求,又是医生对病人应承担的道德责任。又如"文明经商,诚信无欺",既是商业行业对营业员提出的职业道德要求,又是营业员对社会应尽的道德责任。

(二) 职业义务的特点

1. 利他性

职业义务的利他性是指从业人员尽职业义务时,实际上做出了有利于他人、有利于社会的行为,这种行为的客观效果是对他人有利,而不是对自己有利,甚至有时还要做出某种程度上的自我牺牲。比如司机在履行"安全行驶"的义务时,就要全神贯注而无暇自顾;交警在履行"站岗执勤"的义务时,就要经受严冬酷暑的考验;医生在尽"救死扶伤"的义务时,可能在手术台上一站就是一整天;教师在尽"教书育人"的义务时,像蜡烛照亮了别人,却"燃烧"了自己。

2. 无偿性

职业义务的无偿性是指从业人员在履行职业义务时,不把谋求个人权利和回报与履行职业义务相联系或相对应,是一种"不要报酬"的奉献。在履行职业义务时,不以获得某种相应的权利、报偿为前提,从业人员是在自觉自愿地做对他人、对集体、对社会、对国家有益的事情,把所做的一切都看成是分内之事、应做之事。由于履行职业义务不包括个人的企图、打算和回报,人们履行职业义务往往就意味着要做出或多或少或大或小的牺牲。

（三）履行职业义务的要求

履行职业义务是每个从业人员义不容辞的责任，忽视或逃避职业义务都是违反职业道德的行为，因此从业人员在履行自己的职业义务时，应从以下三个方面努力。

1. 努力培养自己的职业义务感

职业义务感是从业人员在认识和理解了自己所从事的职业的作用、目的和意义后，自觉建立起来的职业使命、职业信念和责任感的综合心态，有了这种自觉意识的综合心态，就能把职业义务的客观要求变成从业人员的内在需求，把职业义务看成分内之事，应尽的职责，履行了职业义务就感到心情舒畅、精神愉快，不履行职业义务就会感到内心不安、自疚难受。所以，要履行职业义务，首先就要求努力培养自己的职业义务感，提高履行职业义务的自觉意识。

2. 自觉主动地履行职业义务

职业义务从某种意义上讲，是职业岗位对从业人员提出的一种客观要求。也就是说，每个职业岗位对从业人员提出的职业义务要求是不以人的主观意志为转移的，不因为从业人员的性格、兴趣、愿望、要求不同而改变。因此，我们应该自觉、主动地履行职业义务，以主人翁的态度对待自己的职业，热爱自己的岗位，搞好自己的工作，在自己的职业岗位上充分发挥主动性、积极性和创造性，使自己的言行符合社会主义道德原则和道德规范的要求。

3. 全心全意为人民服务

职业义务的无偿性是指从业人员"不要报酬的奉献"这一特点，与全心全意为人民服务的宗旨是一致的。我们在完成职业义务时要一切从人民的利益出发，为集体、为社会、为国家和人民的利益忘我地工作，不计报酬，无私奉献。这种奉献意味着在完成职业义务时要做出自我牺牲。这种牺牲有时包括荣誉、地位、金钱、时间、健康，甚至生命。对于一个职业道德高尚的人，是应该做到，也是能够做到这一点的。

二、职业权力

（一）职业权力的含义

职业权力是指从业人员在自己的职业范围内或职业活动中拥有的支配人、财、物的力量。比如说一个厂长，他可以在全厂按规定使用、管理职工，或变动其工作岗位，对工资、奖金、报销有财权，对原材料设备等采购、进出有调动权。这种对全厂人、财、物的支配权，是厂长这个职业岗位的职责赋予他的权力。

职业权力不只是指有领导权的人才有，而且是指只要有职业的从业人员，哪怕是基层最普通的人员，都有相应的职业权力。例如，交通警察在交通岗位，有指挥来往车辆行驶的权力，有对违反交通法规的驾驶员进行罚款、没收驾照、给予相应处罚等权力；仓库保管员有进出原材料的权力；理发人员在多人等候理发时，如果没有按先来后到顺序理发的规矩，他就有决定先给谁理，后给谁理的权力等。每个从业人员都有相应的职业权力，如何使自己手中的职业权力为广大群众服务，为他人为社会做出应有的贡献，如何使用职业权力，才符合职业道德原则和职业道德规范的要求，这是职业道德建设面临的一个重要课题。

（二）职业权力的特点

职业权力有很多特点，与职业道德建设关系密切的主要是职业权力的权威性、利己性和隐蔽性特点。

1. 权威性

职业权力的权威性是指职业权力在职业活动中对他人、对其他行业有很强的约束力量和支配力量。比如电力行业对所有其他行业就有独特的支配与控制力量。尤其是在电力紧张的季节，给哪个企业、哪个行业供多大的用量，供多长时间，电力部门具有主动支配地位，有时对一个企业是否供电，可能成为该企业生死存亡的决定因素；像建筑、邮电、铁路、民航等垄断行业的职业权力就更大。职业权力使用不当，就可能出现"电霸""路霸"等行业不正之风现象。

2. 利己性

职业权力的利己性是指职业权力可以给自己带来利益和好处。职业道德低下的从业人员有时利用权力谋取私利。比如材料保管员，可以将公物私下取走当私物用；交通警察可能私收违章司机的罚款不出票据；单位司机可能为私车或亲朋好友私车加油而拿回单位报销等。

3. 隐蔽性

职业权力的隐蔽性是指从业人员在行使职业权力时，有不易被人警觉的一面。比如，在办公室打私人电话，旁人还以为他在联系工作；厨师把食堂的食品带回家不容易被人发现；营销人员在外因私请客，可能理直气壮作为单位公关业务费报销；单位司机开车出去办自己的私事，人们还以为他在工作等行为。

（三）正确行使职业权力的要求

职业权力是由从业人员来掌握和使用的。滥用职业权力，就会出现职业腐败，就会出现行风不正，就会导致世风日下，就会危及党和国家的生存。因此，正确使用职业权力，不仅是职业纪律的要求，也是职业道德建设在市场经济中面临的一个新的难题。要正确行使职业权力就要做到以下两点。

1. 树立正确的职业权力观

由于职业权力具有利己性和隐蔽性特点，如果不树立正确的职业权力观，利用职业权力为自己谋取私利就变得非常容易。因此，树立正确的职业权力观是正确使用职业权力应首先解决的问题。职业权力表面上看是职业本身赋予从业人员的一种权力，但实质上是社会职业分工分配给你这个职业、行业的一种权力，理应把这种权力用于工作、用于事业、用于为社会服务，为多数人谋利益，而不能把它作为个人、单位或行业谋取私利的特权工具。职业权力来源于职业本身，应当用之于职业发展；来源于人民赐予，应当服务于人民事业；来源于社会分工，应当谋利于社会公益。这是每个从业人员应当树立的正确的职业权力观。

2. 正确使用手中的职业权力

任何个人（从业人员）、单位、行业都有相应的职业权力，作为从业者个人，首先要把职业权力用来干好本职工作，履行好职业义务，不能以权谋私，损公肥私，化公为私；作为一个单位，要把职业权力用来保证产品的质量，维护企业的形象，发挥一个单位在社会和国家建设中应有的作用,而不能把职业权力用来作为制约、甚至诋毁同行的工具。如果供电局对水厂停电,水厂就对供电局断水;医生对学校教职工求医态度不好,学校对医院的子女读书就不负责任;假如电信局对天然气厂申请安装网络收高价,天然气厂就不给电信局按时供气,如此下去,将会是一种糟糕的状况。职业权力的使用中,应建立一种互相监督、互相制约的机制。在这种机制中,我们不仅要勇于严于律己,还要敢于抵制滥用职权的行为。

三、职业责任

(一) 职业责任的含义

社会把职业分成了若干种类,每个从业人员都在一定的职业岗位上,从事某一项具体工作,通过自己的辛勤劳动为他人或其他职业服务,为社会创造财富。按职业道德原则和规范要求,每个职业岗位的从业人员,又都对他人或其他职业或社会承担着一定责任,这种与职业岗位有关的责任,就是职业责任。换句话说,所谓职业责任,就是指从事某种职业的个人,对他人、集体(班组、部门、单位、行业)和社会所应承担的责任,是社会义务、使命、任务的具体体现。由于职业分工不同,职业特点不同,职业的作用不同,从业人员承担的社会职业责任也就有所不同。如工人、农民、营业员、教师、医生等,这些职业由于在社会分工中所起的作用不同,职业特点不同,完成的任务不同,服务的对象不同,其职业责任也就不一样。

(二) 职业责任的特点

1. 差异性

职业责任的差异性是指各个职业岗位的职责,因职业的不同而不同。各个职业岗位在制定其岗位职责(即职业责任)时,一般要明确规定本职业岗位完成工作任务的数量、质量、效益和时间要求等,由于不同职业岗位的性质、功能、业务规范、技术要求以及与其他职业岗位的相互关系千差万别,因此其职业责任也就各不相同。

2. 独立性

职业责任的独立性是指各个职业岗位上的从业人员在履行本岗位职责时,有相对独立的权利,这种权利有时不容他人干预。技术性越强,排除干预的要求就越高。例如,外科医生动手术,要对病人的生命和健康负责,必须排除他人的干扰。

3. 强制性

职业责任是通过制定具体业务规章制度、岗位职责、条例、公约、守则等形式表现的,因而带有一定的强制性。如果因为工作责任心不强,失职、渎职、玩忽职守,给他人、集体、国家造成损失的,就成了职业责任问题,就应受到一定的处罚,严重的可能要依法追究有关责任。如出现食物中毒事故,出现人为的交通事故,就要追究有关责任人的责任。

(三) 增强职业责任感的要求

职业道德和职业责任在人们的职业生活中是相互联系、相互作用的,以什么样的思想、感情、态度、作风、行为来对待本职工作,既是职业责任感的问题,也是职业道德的问题。无数事实告诉我们:职业道德水平高的人,都具有强烈的职业责任感。对于一个有职业道德的人,应从以下三个方面自觉增强职业责任感。

1. 认真履行职业责任，搞好本职工作

社会上的职业有成千上万种，无论是体力劳动还是脑力劳动，无论是简单工作还是复杂工作，无论是工业生产还是商业服务，都只有分工不同，而没有高低贵贱之分。因此，不管我们在哪一个行业，都一定要安心本职工作，以主人翁的态度对待本职工作，按岗位职责要求，尽心尽力完成本职任务，自觉按职业责任的要求行事，并认真履行职业道德义务，做一个有职业责任感的人。

2. 熟悉业务，互相配合

从职业责任的差异性和独立性等特点可知：一方面，每个职业岗位的职业责任无不与本岗位的具体业务密切相关，不熟悉业务，不懂得本职范围内的专业技术，是难以履行职业责任的；另一方面，每个职业都与相关职业有一定联系，因此，每个人的工作都与相关部门（岗位）的有关人员的工作有这样或那样的关系，在履行本岗位职责时，要考虑对相关岗位其他人员履行其岗位职责的影响，也要接受相关岗位人员，对你完成本岗位职责提出相应要求。因此，在履行职业责任时，与相关岗位工作的人员要互相配合、互相支持，这既是工作的需要，也是职业道德的要求。

3. 正确处理个人、集体和国家之间的关系

正确处理个人、集体和国家三者之间的关系，这既是增强职业责任感的要求，也是职业道德的要求。在我们国家，个人利益、集体利益和国家利益是根本一致的。从业人员在通过自己的劳动为集体、为国家创造财富的同时，可以根据按劳分配与按生产要素分配的原则，获取自己合理的利益。

四、职业纪律

（一）职业纪律的含义

职业纪律是在特定的职业范围内从事某种职业的人们要共同遵守的行为准则。要理解什么是职业纪律，可先看看纪律的含义是什么。我们常常说，党有党纪，国有国法，家有家规，厂有厂律，"没有规矩，不成方圆。"比如，在银行工作的职员，必须为存款人的姓名、地址、金额、密码保密，这就是对银行从业人员的职业纪律最基本的要求；在企业工作的职工，上班时间不准干私活，不准拿公家的东西回家，不准迟到早退，无故缺席，这是企业对职工最基本的职业纪律要求。至于属于技术规范内的纪律，就更是必须遵守的职业纪律。为了维护正常的生活、工作秩序，确保安全生产，确保产品质量，各行各业、各单位、各岗位都要制定自己的行为规则，这些行为规则，对本行业、本单位、本岗位的从业人员来说，都是职业纪律。

（二）职业纪律的特点

1. 一致性

职业纪律的一致性是指各行各业的职业纪律其基本要求是一致的，这些基本一致的要求，主要反映在组织、劳动、财经和群众纪律等方面。组织纪律是指各行各业为了把从业人员组织起来，要求大家共同遵守的行为准则。

2. 特殊性

由于各种职业的特点不同，各种职业在职业纪律方面还有一些有别于其他职业的特殊要求,这些特殊要求,就是职业纪律的特殊性。比如,邮电通信业的从业人员必须严格遵守有关保密规定,为此,要求不准偷听用户电话,不泄露用户电报内容,不私拆用户信件,不用普通邮件、公用电话、明码电报办理机密事项等。又如为了保证行程中的安全,不准飞行员酒后飞行,不准司机酒后开车,不许闯红灯,不准在开车时抽烟闲聊;在仓库、油库、酒厂工作的人员,严禁在禁区内使用烟火等。

3.强制性

职业纪律的强制性是指职业纪律以明文规定的守则、制度,用强制性手段让人们服从的特性。从业人员在职业活动中,不遵守职业纪律,就要根据情节的轻重、态度的好坏,给予行政上或经济上的制裁。比如,酒后开车、乱闯红灯、逆向行驶的驾驶员,要受到罚款、扣分、没收驾照等制裁;不按技术规程操作,出现废品、次品,给单位造成信誉和经济损失的职工,就会受到经济处罚、行政处分,甚至开除公职或被"炒鱿鱼"。可以说,职业纪律的强制性主要约束的是各行各业中职业道德觉悟较低的从业人员。但是,对所有从业人员来讲,不管你主观认识程度如何,也不管你是否愿意,遵守职业纪律既是最起码的职业生活准则,也是职业纪律强制性特点的必然要求。

(三)遵守职业纪律的要求

1.熟知职业纪律,避免无知违纪

熟知职业纪律是遵守职业纪律的前提条件,是对从业人员职业道德素质最基本的要求。在违反职业纪律的种种案例中,除一部分是明知故犯外,确实也还有不少无知违纪的情况。因此,要求从业人员对本行业、本单位、本岗位有关的职业纪律要先熟知和理解。

2.严守职业纪律,不能明知故犯

在熟知和理解职业纪律之后,就应切实按有关规定办事,按职业纪律的要求约束自己的职业行为,做严守职业纪律的模范。从业人员除严守组织纪律、劳动纪律、财经纪律和群众纪律外,还必须严守有明确规定的技术规程和安全生产规程。如果冒险蛮干,随意违反操作规程和安全生产规程,就可能破坏正常的生产秩序和技术秩序,轻者会给个人带来人身安全或生命危险(如驾驶员逆向行驶,电工违反带电作业规程,都可能危及个人安全和生命),严重的可能给集体、国家和人民造成不可估量的损失和危害。

3.自觉遵守职业纪律,养成严于律己的习惯

遵守职业纪律从"强制"到"自觉",是一个质的飞跃,是从职业道德角度提出的更高层面的要求。按照这一要求,我们面对职业纪律不是被动地适应,而是主动地遵守;不是被迫地服从,而是自觉地维护。通过长期不间断的主动遵守和自觉维护,养成严于律己的习惯。这样,遵守职业纪律就会成为我们职业生活不可或缺的组成部分,成为高尚职业道德的自然体现。

谈到职业道德,必然涉及职业义务、职业权力、职业责任、职业纪律、职业良心、职业荣誉和职业幸福等重要问题,这些问题,都是职业道德在职业活动中不同方面、不同层次的反映和折射。它们是反映和概括职业道德特性、本质关系的基本概念,因此也是营业员职业道德的主要范畴。

第四节 营业员基本职业道德规范

一、营业员基本职业道德规范的作用

(一) 调节从业人员的内外部关系

在职业交往的过程中调节职能是营业员职业道德的基本职能。它一方面调节从业人员内部的关系,从而促进职业内部人员的团结与合作。如职业道德规范要求营业员齐心协力地为发展本行业、本职业服务,要团结互助,爱岗敬业等,运用职业道德规范约束本职业内部人员的行为。其次,规定了营业员面对顾客要怎样负责,从而调节了从业人员和服务对象之间的关系。

(二) 促进商业及相关行业的发展

职业道德能促进商业及相关行业的发展,当前我国和世界高速发展的科技和经济促进了商业企业和相关行业以及电子商务的发展,这都需要从业人员具有很高的素质。职业道德水平高的营业员或客服人员,其责任心是极强的。知识、技能、责任心是员工素质的三个主要内容,其中最重要的是员工要有职业责任。

(三) 有助于维护和提高本行业的信誉

社会公众对企业经营的商品与服务的信任程度决定了商业企业以及制造企业的信誉形象,商品和服务的质量是企业提高信誉的主要途径,若营业员职业道德的水准不高,很难为顾客提供优质的服务,因此营业员职业道德水平决定了商品和服务的质量。

(四) 有助于提高全社会的道德水平

首先,营业员是一个职业集体,其职业道德行为往往是整体表现,职业道德水平的优良表现会对提高整个社会道德水平发挥重要作用。其次,营业员职业道德是整个社会道德的比较重要的构成内容,其职业道德是一个营业员的生活态度、价值观念等多方面的表现,涉及每个个体从业者如何对待职业,如何对待工作,同时是一个人的道德意识、道德行为的发展。

二、营业员基本职业道德规范的一般要求

(一) 爱岗敬业

1. 爱岗敬业的含义

爱岗敬业是全社会大力提倡的职业道德行为准则,是国家对人们职业行为的共同要求,是每个从业者应当遵守的共同的职业道德。爱岗就是热爱自己的工作岗位,热爱本职工作;敬业是爱岗的升华,就是要用一种恭敬严肃的态度对待自己的工作,它表现为对职业工作一

丝不苟,把自身与职业工作融为一体。

显然,一个人只有爱岗,才具备了合格劳动者的基础条件。要在职业道德上追求完善和提高,还必须敬业。无数的先进工作者、劳动模范都是爱岗的模范,但这并不等于说,爱岗敬业是高不可攀的职业道德要求,只有先进人物才能做到。爱是一种情感,某种爱的情感的形成既取决于客观对象,更重要的还在于行为主体的心境和态度。我们在实际生活中,不乏这样的亲身经历:你心存成见、先入为主,就会对外物生起厌恶之情;你若改变心境、端正态度,就会发现一片新天地。对待职业岗位也是如此。每个人都有爱和敬的潜能,只要改变消极无为的态度、得过且过的行为方式,就会对岗位和职业劳动产生无限兴趣和热爱之情。

商业零售行业是整个社会主义事业中不可缺少的部分,在整个国计民生中占有重要地位。商业零售行业中的每一项工作,每一个岗位又都是整个商业零售行业的不可缺少的部分,每项职业、每个岗位都很重要,都不是可有可无的。18世纪美国的实业家、科学家、社会活动家、思想家和外交家本杰明·富兰克林的事迹,可能对我们有所启迪。富兰克林出身寒微,8岁上学,10岁便辍学回家做工,12岁起在印刷所当学徒、帮工。但他从不认为自己的职业微不足道,认真对待每一项劳动,而且凡从事一项工作,都悉心观察,仔细揣摩其中的道理和规律,把工作干得非常出色。他刻苦好学,在掌握印刷技术之余,还广泛阅读文学、历史、哲学方面的著作,自学数学和4门外语,潜心练习写作,所有这一切为他在一生中取得多方面的成就打下了坚实的基础。尽管如此,他一生没有脱离印刷工作,临终前还以此为自豪,亲手为死后的墓碑上书写了"印刷工富兰克林",而没有写他为人类做出的那些贡献。富兰克林的所作所为足以表明,他不但不厌弃平凡的职业,还以自己的成果证明,从事普通工作的人也可以做出重要的贡献。一个人的能力有大小,只要他忠于职守,尽了自己的力量,对社会也就做出了贡献,他们的工作就应得到社会的肯定。

2. 爱岗敬业的具体要求

爱岗敬业的具体要求包括树立职业理想、强化职业责任以及提高职业技能。

(1) 树立职业理想:职业理想是指人们对未来工作部门和工作种类的向往和对现行职业发展将达到什么水平、程度的憧憬。职业理想是人的社会化过程的反映,也是人的身心发展的必然结果。人类个体在环境和教育的影响下,随着知识水平和爱好兴趣的发展,会逐步培养起对某种职业的爱好,并在此基础上形成一定的职业理想。商业零售行业的营业员应该怎样树立正确的职业理想呢?一方面,职业理想的最终确立是建立在社会需要的基础上的。有人因为工作岗位同个人的兴趣、爱好不一致,就无所作为,消极怠工,这是不妥当的。个人兴趣和爱好、社会需要都是影响职业理想实现的条件,在现实生活中,个人的兴趣、爱好与社会需要有时是一致的,这当然是职业理想实现的最优条件。但在有些情况下,个人的兴趣、爱好与社会需要是不一致的,如从事某一职业是个人的兴趣和爱好,但社会不一定有这种现实需要,还有的情况是社会需要一个人从事某种职业,但这不一定是他的兴趣所在。在这种情况下,如果只考虑个人兴趣和爱好是不利于实现职业理想的。另一方面,兴趣和爱好是可以培养的。很多人都能正确处理好这种关系,尽管他们所从事的工作与自己的兴趣爱好不很相符,但他们并没有在个人愿望同社会需要发生矛盾时感叹"无所作为",而是在做好本职工作的前提下,发奋学习,刻苦钻研,发展个人的爱好,使个人的聪明才智在现实的土壤里闪烁发光。他们的业绩告诉我们,一个人要有所作为,关键在于正确地选择符合社会要求的目标,真正做到"干一行,爱一行,专一行"。

(2）强化职业责任：职业责任是指人们在一定职业活动中所承担的特定的职责，它包括人们应该做的工作以及应该承担的义务。职业活动是人一生中最基本的社会活动，凡是社会所需要的职业，社会都给它规定了具体的职业要求，即职业责任，因此不存在没有责任的职业。职业责任是由社会分工决定的，是职业活动的中心，也是构成特定职业的基础，它往往通过行政的甚至法律的方式加以确定和维护。从事职业活动的当事人是否履行自己的职业责任，是这个当事人是否称职、是否胜任工作的尺度。我们所从事的各项工作，都有着不同的工作职责和工作要求，我们的岗位职责要求我们全体干部职工必须在其位，谋其政，恪尽职守，认认真真地做好本职工作。因此，以高度的责任感认真履行好各自的岗位职责正是做到爱岗敬业的关键所在。想做好一项工作，责任感是第一位的，没有责任感的人大谈自己如何"爱岗敬业"必然是空洞的，离开责任感来谈"敬业"无异于空中造楼；没有责任感的人即使"爱岗"也是自私的，离开责任感来谈"敬业"更是虚伪的、可笑的。职业责任是企业和从业人员安身立命的根本。因此，无论是企业还是从业者本人都应该强化职工的职业责任。对于企业来讲，应该加强员工的职业责任教育与培训；对于员工来说，则应该自觉地明确和认定自己的职业责任，树立职业责任意识。为人民服务、对社会负责是职业活动的宗旨，并贯穿于职业道德的全过程。作为一名营业员，就应该把为客户服务、对社会负责的原则落实到"想客户所想，急客户所急，帮客户所需"的优质服务之中去。

(3）提高职业技能：职业技能也称职业能力，是人们进行职业活动、履行职业责任的能力和手段。它包括从业人员的实际操作能力、业务处理能力、技术技能以及与职业有关的理论知识等。职业技能由体力、智力、知识、技术等因素构成，它的形成是一个长期的过程，通常要经过相当长时间的学习以及一定的实践活动才能完成。努力提高自己的职业技能是爱岗敬业的重中之重。这是因为，没有相应的职业技能，就不可能履行自己的职业责任，实现自己的职业理想，"爱岗敬业"也就成了一句空话。如果教师光有满腔热情，讲课不清楚，学生听不懂，就会误人子弟；营业员如果算不好账，不仅影响服务，而且影响企业的经济效益；医生如果业务不精，不仅不能救死扶伤，而且会危害病人。从业人员的职业技能水平如何，直接关系到其职业活动的质量和效率，关系到对国家和人民贡献的大小，决定着自己人生价值实现的程度。因此，职业技能是发展自己和服务人民的基本条件，提高自己的职业技能是爱岗敬业的具体表现。仅有为客户服务的认识和热情是远远不够的，只有在此基础上掌握熟练的职业技能才能胜任自己的工作，更好地为他人服务。

(二) 诚实守信

1. 诚实守信的概念

"诚""信"都是古老的伦理道德规范。诚，就是真实不欺，尤其是不自欺，它主要是个人内在品德；信，就是真心实意地遵守、履行诺言，特别是注意不欺人，它主要是处理人际交往关系的准则。现代社会的经济从本质上说就是一种信用，诚信是支撑企业发展的最基本的理念。作为一种职业道德规范，诚实守信就是指真实无欺、遵守承诺和契约的品德及行为。它要求营业员做到忠诚地为消费者服务，诚实地对待生产经营，讲求信誉，不损公肥私，不占国家和消费者的便宜，时时处处为国家和消费者着想。

2. 诚实守信的具体要求

诚实守信的具体要求包括诚实劳动、实事求是、不讲假话、重质量、重服务、重信誉，创造名牌产品。

（1）诚实劳动：诚实是职业行为中最基本的要求。在市场经济体制下，劳动主要是人们谋生的手段。劳动者参加劳动，在一定意义上是为换取与自己劳动相当的报酬，以养家糊口，改善生活条件。市场经济条件下的利益驱动，会使意志薄弱者忘记自己应遵守的职业道德，投机取巧、出工不出力；偷工减料、以次充好、缺斤少两；制假售假、坑害消费者；为暂时的效益，使用一切非法手段，买空卖空、倒买倒卖、牟取暴利。这些都属于不诚实劳动。然而，新中国成立以来，我国涌现了一大批劳动模范，如时传祥、张秉贵、王进喜、郝建秀、孟泰等人。在市场经济体制下，也有许多诚实劳动的楷模，如李素丽、徐虎、李国安等人。他们在自己的工作岗位上，默默无闻地辛勤工作，成了我们学习的榜样。诚实劳动十分重要：它是衡量一个劳动者素质高低的基本尺度；是一个劳动者人生态度、人生价值和人生理想的外在反映；直接关系到一个劳动者人生追求和价值的实现。从最基本的追求来讲，就是高薪和高职位的获得；从较高层次来讲，就是奉献社会、成就事业、实现自我价值等；它直接影响企业的形象和企业的兴衰成败，从而间接影响个人利益的实现；在经济全球化的今天，它还会影响一个民族、一个国家的国际竞争力，影响国家经济的发展，间接影响每个劳动者利益的实现。因此，我们商业零售行业每一个职工，都应该尽心尽力、尽职尽责、踏踏实实地完成本职工作，自觉地做一个诚实的劳动者，这对国家、对民族、对企业、对个人都是有利的。

（2）实事求是，不讲假话：就是要求从业人员平时对领导、同事、顾客不讲假话，不讲空话。对工作中的成绩不多讲一分，对工作中的失误也不少讲一分，对产品的质量宣传要合乎实际，产品广告不能随意吹嘘，力求做到诚、真、实。只有实事求是，不讲假话，才能做到诚实守信。

（3）重质量、重服务、重信誉、创造名牌产品：产品的质量和服务质量直接关系到企业的信誉，是企业的生命。产品质量高、服务质量高，企业的信誉就高，其产品让消费者信得过，企业也就拥有了强大的生命力；相反，产品质量低下，会使消费者感觉受到欺骗，企业也就没有信誉可言。企业的诚实信用是其自身立业和发展的基础。企业无信不长，比如某食品厂是一个老字号企业，在经营过程中却不能始终以诚信为本，竟然用陈年月饼馅生产新月饼以欺骗消费者，导致全国几十家以其命名的食品厂生产的月饼卖不出去，企业由此陷入减产乃至濒临破产的困境之中，毁掉了一个享誉几十年的老字号。作为企业，如果不重视生产水平、产品质量的提高，不注重为顾客、为企业、为社会服务，只是一味地打自己的经济算盘，为自己捞利润，那么用不了多久，信誉就会扫地，企业的经营就会萎缩。因此说，要做到诚实守信，必须做到重质量、重服务、重信誉。

（三）办事公道

在职业活动中办事公道有如下两层含义。

第一，人与人之间应该平等相待，一视同仁，无论高低贵贱，都应该待之以礼，提供优质服务。有一副对联讲的就是这个道理："坐，请坐，请上坐；茶，敬茶，敬香茶。"相传，有一次，苏轼游经莫干山，路过一座古刹，便进去看看。古刹中的老僧看见苏轼衣着平常，容貌一般，就很冷淡地接待，指着凳子说了声："坐"，回头对着小沙弥说，"茶。"当与苏轼交谈后，发现其谈吐不凡，非一般书生，老僧就把他迎往大殿，非常客气地说："请坐！"然后吩咐小沙弥："敬茶。"等到发现眼前来客竟然是大名鼎鼎的苏大学士时，老僧打躬作揖，把客人请进客厅，毕恭毕敬地连声说："请上坐！"特地吩咐小沙弥："敬香茶。"临别时，老僧敬请苏轼留下墨宝，苏轼有感老僧的前后态度，就不无幽默地写下了上述对联。这个故事给我们的启示是，在职业交往中，对人应该坦诚，不傲不媚，不卑不亢，平等待人。特别是从事服务性行业的人员，更应该在服务接待中做到不以貌取人，无论是操乡音、衣着平常的人，还是谈吐文雅、西装革履的人，也无论贫富贵贱，都要一视同仁，热情服务。营业员面对花上万元购买商品的人和一次只买几毛钱商品的人，要做到同样周到的服务；高速公路收费站的收费员，不分大车还是小车司机，都要提供热情周到、准确、及时的收费服务。这就是公平待人，办事公道。子曰："上交不谄，下交不渎。"意思是说，与地位高于自己的人交往，不要低声下气；与地位低于自己的人交往，不要傲慢无礼。这讲的也是要一视同仁、公平待人的道理。

第二，在职业活动中，处理问题、办事情要公平、公正、公开。社会主义市场经济要求的是公平、公正、公开的竞争原则。企业与企业之间、单位与单位之间在竞争中要讲公平公正。企业管理者更应该讲公平、公正、公开，要给所有的员工平等的机会和权利，让员工以自身的实力去参与竞争，努力工作和创造。公平就是要平等对待每一位员工，不厚此薄彼，让员工公平竞争，从而达到调动每一位员工积极性的目的。公正讲的就是评价的标准必须合理全面。企业管理者评价员工的标准应该合法、合乎道德规范，企业自身制定的规则应该合理、合乎法律规定。公开，就是要把竞争的规则、标准让每个员工都知道，让每位员工都来参与监督评价。公开实际上讲的就是民主，发动群众进行监督，防止"暗箱操作"、假公济私和以权谋私，以确保公平公正的实现。公开，可以调动每一位员工的参与热情以及积极性、主动性和创造性。

办事公道还是提高劳动生产率的法宝之一。普通劳动者也要办事公道。假如你是个体工商户，在从事的经营活动中要保证质量，买卖公平，不缺斤少两，不以次充好，不欺骗顾客，这就是办事公道。

（四）服务群众

1. 服务群众的概念

服务群众就是要树立群众观念，关心群众疾苦，为群众谋利益。每个职业岗位上的工作人员都应该有群众观念，通过干好本职工作，尽可能多地创造物质和精神财富来回报社会，为群众服务。

2. 服务群众的具体要求

服务群众的具体要求包括优质服务、热情周到以及遵守职业纪律三个方面。

（1）优质服务是服务质量问题，优质服务是服务群众的最佳状态。社会主义职业道德的核心是为人民服务，因此，整个服务业讲服务质量就是要为人民群众提供优质劳动。从业人员在服务过程中要树立以人为本的观念，要以服务对象为中心。在服务态度方面，要做到亲切友好，举止端庄。在自身修养方面，要注重提高优质服务的素质，即提高服务质量意识、职业道德、文化素养、服务的专业知识和技能。只有提高优质服务素质，才能提高服务质量。还要十分重视服务质量管理的作用，只有服务质量标准、服务人员素质和服务环境条件综合发挥作用，才能真正提高服务质量。为人民群众提供优质服务，必须树立服务质量第一的观念，要有高度的职业责任感和全心全意为人民服务的思想。

（2）热情周到是服务群众的核心内容之一。在服务行业，热情周到是服务工作者对本职业应有的工作态度，这种态度可以反映出职工对工作的热爱程度，对顾客和服务对象重要性的认识，遵守职业纪律和对职业的专心致志的情况。只要做到热情周到，工作上就不会出现漫不经心、漠不关心、纪律松懈的情况。因此，从某种意义上讲，热情周到是服务人员职业道德综合素质高的集中反映。优质服务，热情周到，是相辅相成的。做到了优质服务，必然会热情周到。工作积极主动,热情周到,处处为服务对象着想,必然会促进服务质量的提高。但是如果只有热情周到,而没有相关的业务技术知识和技能,也不可能提高服务质量。

(3) 要做到优质服务,热情周到,还必须遵守服务行业的职业纪律。如果不遵守职业纪律,是不可能做到优质服务的。例如,暗示要红包的医生,渎职而对学生漠不关心的教师,踢假球的运动员,接受贿赂而"吹黑哨"的裁判员。这些人是不可能做到优质服务、热情周到的。以"岗位做奉献,真情为他人"自律的全国劳动模范李素丽就是热心周到服务群众的典范。"礼貌待客要热心,照顾乘客要细心,帮助乘客要诚心,热情服务要恒心",这是李素丽为自己定下的服务原则。李素丽售票台旁的车窗玻璃,一年四季进出站时总是敞开的,她说"这样我可以更好地照顾乘客"。即使下大雨,只要车一进站,她也要把车窗打开,伸出伞为上车前脱雨衣、收拢雨伞的乘客挡雨。

(五) 勤俭节约

艰苦奋斗、勤俭节约是中华民族的传统美德,也是共产主义道德的一种品质。"艰难困苦,玉汝于成""居安思危,戒奢以俭"。中华民族历来以勤劳勇敢、不畏艰苦著称,历来讲求勤俭持家,勤俭办一切事情。我们党是靠艰苦奋斗成长壮大、成就伟业的,是靠勤俭节约发展事业、建设国家的。在发展社会主义市场经济的新形势下,艰苦奋斗、勤俭节约,不仅没有过时,而且还焕发了新的生命力。艰苦奋斗、勤俭节约不仅是抵制腐败行为的良药,是个人事业成功的催化剂,更是企业在市场竞争中常战常胜的秘诀,同时还是维持社会可持续发展的法宝。提倡勤劳节俭、艰苦奋斗对于正确维护个人之间、个人与集体、个人与国家之间的利益关系,具有深刻的道德意义。中华儿女用勤劳的双手创造了灿烂辉煌的华夏文明,更用节俭的品德将它世代传扬。这种优良的传统美德至今仍值得我们大力提倡。

应当清醒地看到,现在,我国经济总量扩大了,物质条件比过去改善了,但我国还是发展中国家,仍处于并将长期处于社会主义初级阶段。我国人口多,底子薄,人均资源少,生产力不发达,发展不平衡,全体人民的生活还不富裕,国家建设需要办的事情还很多。我们必须坚持厉行节约、反对浪费的方针,必须有长期艰苦奋斗的思想准备。即使我国将来进一步发展了,综合国力更强大了,艰苦奋斗、勤俭节约的好传统仍然不能丢。要在社会生产、建设、流通、消费的各个领域,在经济和社会发展的各个方面,切实保护和合理利用各种资源,提高资源利用效率,以尽可能少的资源消耗获得最大的经济效益和社会效益。这是关系到我国经济社会发展和中华民族兴衰,具有全局性和战略性的重大决策。

商业零售行业从小到大,从弱到强,是全行业勤劳节俭、艰苦奋斗,创造、积累起来的。在改革开放、发展社会主义市场经济的条件下,更需要发扬艰苦奋斗的精神,为行业的发展做出新的贡献。

还应该清醒地看到,艰苦奋斗、勤俭节约也是一种精神状态,能够起到砥砺意志、陶冶情操的重要作用,形成凝聚人心、战胜困难的强大力量。我们讲艰苦奋斗、勤俭节约,不是要人们去过清教徒式、苦行僧式的生活,也不是要否定合理的物质利益,而是要大力发扬艰苦奋斗、勤俭节约的精神,始终保持昂扬向上、奋发进取的精神状态,不畏艰难,不懈奋斗。

(六) 遵纪守法

1. 遵纪守法的概念

遵纪守法指的是每个从业人员都要遵守纪律和法律,尤其要遵守职业纪律和与职业活动相关的法律法规。

2. 遵纪守法的意义

（1）遵纪守法是从业人员的基本义务和必备素质。我国要实现社会主义现代化，首先要实现人的现代化，遵纪守法是现代人必备的素质。由于现代社会是法治社会，现代市场经济是法治经济，人人必须遵纪守法，在法律许可的范围内从事政治、经济、文化、教育等一切活动。因此，每个从业人员要使自己具有现代人必备的素质必须不断加强法纪观念，自觉遵纪守法。《宪法》明确规定，遵纪守法是每个公民的基本义务，也是对每个从业人员的最基本要求。一个具有社会主义职业道德的劳动者，首先应该是一个奉公守法的公民。

（2）遵守职业纪律是每个从业人员的基本要求。职业纪律是每个从业人员在工作中必须遵守，必须履行的职业行为规范。每个职业都有各自的职业规范，每个从业人员都要根据职业角色的具体规定，严格按照职业规范去调适自己的行为，以保证生产秩序的正常进行。职业规范包括岗位责任、操作规则、规章制度等。岗位责任规定了该岗位的工作范围和工作性质，如电工的岗位责任就是对电路、电器的养护维修，为生产的安全提供优质服务；质检工的岗位责任就是检验半成品、成品的质量，为合格品出厂把关。操作规则是职业劳动具体而详细的程序和动作要求，如维修工的操作规则是禁止带电作业，须在机器停止运转后进行检测与维修；化验工的操作规则要求依照实验过程如实记录，保存好原始数据等。职业纪律是最明确的职业规范，它以行政命令的方式规定了职业活动中最基本的要求，明确规定了职业行为的内容，指示从业人员应当做什么。如司机的职业纪律不许酒后开车；钳工的职业纪律不准用公家器械加工私活等。每一个岗位都有相应的规章制度，它代表着整体的意志和力量，每一个从业人员都应对这些原则、规定保持敬畏和尊重，一丝不苟地认真执行，来不得半点马虎、任性和随意。

三、营业员基本职业道德规范的具体要求

（一）热情服务、文明服务

热情服务、文明服务，就是营业员在销售商品的过程中要做到主动、耐心、热情、周到，接待顾客要文明礼貌、一视同仁。这一职业道德规范要求商品营业员在销售过程中要做到：一是态度和蔼，顾客买不买都要同样对待；二是要使用礼貌用语，言行文明；三是要为顾客着想，尽一切可能为顾客提供完美的服务；四是耐心回答顾客提出的问题，做到百问不厌。

（二）诚信无欺、公平交易

公平交易、诚信无欺是当今竞争激烈的市场环境下的一种重要的竞争手段。在买卖中要讲信用，不欺骗消费者，遵循等价交换、买卖公平也是营业员最重要的职业道德规范。在激烈的市场竞争中，营业员在销售活动中应遵守这一职业道德规范，在日常销售活动中要实事求是地介绍商品，不说假话，从而取得消费者的信任，严格遵守有关法律、法规，自觉维护消费者利益。可以说诚信无欺、公平交易对最终取得良好的经济效益有着十分重要和显著的作用。

（三）遵纪守法，保证质量

遵纪守法是企业销售活动能够正常进行的基本保证，每位营业员都要遵守与职业活动相关的法律、法规。保证质量是指营业员维护消费者应享有的权利，有责任和有义务保证商

品质量。这一道德规范要求营业员遵守相关的法律法规,不销售假冒、伪劣商品,在销售过程中还要严把商品质量关,并且尽力确保消费者利益不受侵害。在企业经营活动中,营业员注重遵循职业道德规范是十分必要的,企业必须清醒地认识到职业道德是企业的立足之本,要想在激烈的市场竞争中提高企业的声誉和经济效益,就要重视赢得顾客的信赖,这样企业才能获得口碑效应和发展。

重要概念

职业道德　职业义务　职业权力　职业责任　职业纪律　职业道德规范

一、单选题

1. 以下关于道德的说法中,你认为正确的是(　　)。
   A. 道德缺乏历史继承性　　　　　　B. 道德标准不具有时代性
   C. 人们所做的一切工作都可以用道德评价　　D. 道德和社会发展没有关系
2. 乘车、登机以及坐船时主动购票,自觉排队;出行时自觉遵守交通规则,不闯红灯;在图书馆、影剧院不抽烟,不喧哗吵闹。这是人们在社会生活中应当遵循的(　　)。
   A. 社会公德　　　B. 职业道德　　　C. 环境道德　　　D. 家庭美德
3. 《公民道德建设实施纲要》关于从业人员的职业道德规范是(　　)。
   A. 爱国守法、公平公正、团结友善、勤俭自强、敬业奉献
   B. 艰苦奋斗、诚实守信、团结协作、服务周到、遵纪守法
   C. 爱岗敬业、遵守法纪、明礼诚信、服务群众、奉献社会
   D. 爱岗敬业、诚实守信、办事公道、热情服务、奉献社会
4. 企业文化的主要功能是(　　)。
   A. 导向功能、激励功能、培育功能、推进功能
   B. 自律功能、导向功能、整合功能、激励功能
   C. 自律功能、整合功能、激励功能、培育功能
   D. 自律功能、导向功能、整合功能、推进功能
5. 职业道德是增强企业凝聚力的(　　)。
   A. 目的　　　　　B. 手段　　　　　C. 要求　　　　　D. 宗旨

二、判断题

1. 触犯了法律就一定违反了道德规范。　　　　　　　　　　　　　　(　　)
2. 职业道德是与人们的职业紧密相联的,一定的职业道德规则只适用于特定的职业活动。
　　　　　　　　　　　　　　　　　　　　　　　　　　　　　　　(　　)
3. 员工的文化素质是在上学期间习得的,与企业文化无关。　　　　　(　　)
4. 关于诚实守信,"诚"不能没有条件,首先要看对方是否"诚实"。　(　　)
5. 热情周到是服务群众的核心内容之一,是服务人员职业道德综合素质高的集中反映。
　　　　　　　　　　　　　　　　　　　　　　　　　　　　　　　(　　)

三、简答题

1. 请简述职业道德的内涵与特征。
2. 请简述职业责任的含义和特点。
3. 请简述营业员的基本职业道德规范的一般要求和具体要求。

四、情景分析题

一天下午,某商场某品牌手机维修中心的一名柜面工作人员小华正在聚精会神地看电视直播的羽毛球比赛。这时,一位中年男子拿着一部手机进来,请求修理。他叫了一声师傅,小华没有听见。中年男子就用手拍了一下他的肩膀,小华看得正紧张却被打断了,她很生气,又被不认识的人触碰,感到受了侮辱,就沉下脸来对这位中年男子说:"有话好好说,不要动手动脚,你放规矩点。"中年男子听了这话,怒气冲冲地说:"你没带耳朵来?我叫你为什么不理睬?用手碰你一下怎么了!"小华说:"你再敢碰我一下,我就对你不客气。"中年男子也不甘示弱,两人很快扭打在了一起。很快,维修中心的其他工作人员出来劝架的、以及围观的人越聚越多,维修中心里秩序大乱。

思考:

1. 商场手机维修中心的柜面员工小华在上班期间看电视直播的羽毛球比赛的行为,违背了职业道德规范的哪项要求?
2. 中年男子出口伤人,小华打了他,对小华的这种行为,你的看法是什么?

第三章

营业员售前准备实务

> **学习目标**
> 1. 了解仪容仪表仪态的基本概念、与商业有关的基本法律常识
> 2. 熟悉仪容美的基本要素、仪表美的基本原则、补货与理货的原则和流程
> 3. 掌握仪容仪表仪态规范、顾客主要消费心理、商品陈列方法以及原则

第一节　仪容仪表仪态的准备

一、仪容、仪表、仪态的基本概念

（一）仪容

仪容主要指人的容貌，我们应做到仪容整洁，精神饱满、面带微笑。

（二）仪表

仪表是指人的外表，包括人的容貌、服饰、体态和举止等方面，是一个人精神面貌的外观体现，我们应做到仪表端庄，整洁大方。

（三）仪态

仪态是指人们在行为中的姿态和风度，我们在日常工作和生活中的站立姿态、行走步态、面部表情等，都应力求优雅规范。

二、仪容美的基本要素

在个人的仪表问题中，仪容是重中之重。仪容美的基本要素是貌美、发美、肌肤美，主要要求整洁干净。貌美是指一定能让人感觉到其五官构成彼此和谐并富于表情；发美是指发质发型使其英俊潇洒、容光焕发；肌肤美是指给人以健康自然、鲜明和谐、富有个性的深刻印象，使其充满生命的活力。但每个人的容貌是天生的，长相如何不是至关重要的，关键是心灵要美，从心理学上讲也就是每一个人都应该接纳自己，接纳别人。

三、仪表美的基本原则

生活中人们的仪表非常重要，它反映出一个人的精神状态和礼仪素养，是人们交往中的"第一形象"。天生丽质、风仪秀整的人毕竟是少数，然而我们却可以靠化妆修饰、发式造型、着装佩饰等手段，可以弥补和掩盖在容貌、形体等方面的不足，并在视觉上把自身较美的方面展露、衬托和强调出来，使形象得以美化。成功的仪表修饰一般应遵循以下的原则。

（一）适体性原则

适体性原则就是要求仪表修饰与个体自身的性别、年龄、容貌、肤色、身材、体型、个性、气质及职业身份等相适宜和相协调。

（二）T.P.O 原则

T.P.O 原则，即时间（time）、地点（place）、场合（occasion）原则。即要求仪表修饰因时间、地点、场合的变化而相应变化，使仪表与时间、环境氛围、特定场合相协调。

（三）整体性原则

整体性原则要求仪表修饰先着眼于人的整体，再考虑各个局部的修饰，促成修饰与人自身的诸多因素之间协调一致，使之浑然一体，营造出整体风采。

（四）适度性原则

适度性原则要求仪表修饰无论是修饰程度，还是在饰品数量和修饰技巧上，都应把握分寸、自然适度。追求虽刻意雕琢而又不露痕迹的效果。

四、仪态美的基本表现

仪态美是指人体在活动中产生的优美姿态和风度。姿态表现为身体呈现的样子，坐姿、站姿、走姿是姿态的最基本表现，古人所说的"坐如钟、站如松、行如风"，就是对仪态美的形象概括，营业员必须掌握各种姿态的基本动作要领，做到挺拔端正、舒展优美，充分展现营业员朝气蓬勃、积极向上的精神面貌；风度是气质的外显，具体指一个人优雅的举止，表现为日常生活中的仪态和工作中的举止。训练有素、优美端正的仪态具有无比的魅力，也是树立个人良好形象的基本要求。

五、营业员仪容仪表仪态规范

营业员要做到仪容大方、仪表端庄、仪态自然，精神饱满，衣着整洁，上班时间必须佩戴员工胸卡，胸牌要佩戴在左边，高度与衬衫的第二颗扣子平齐，上面填好姓名、柜台，并贴好照片，有损坏及时更换。其仪容仪表仪态规范如下三方面。

（一）仪容仪表规范

1. 规范着装

店内营业员要统一工装，保证店内形象的一致性；提倡穿黑皮鞋上岗，要保持鞋面清洁光亮。不允许穿前卫装，如短裙、超短裙、吊带衣、超短衣等上岗，不得佩戴夸张的饰品，如超大耳环、佩戴多副耳环或多只戒指；不允许穿拖鞋或赤脚上岗。

（1）男营业员着装规范。西装套装：套装或单西搭配西裤均可，西装颜色以单一、简单、大方为主，保持干净、平整、无异味，西裤的长度应正好触及鞋面。冬天保暖衣裤不得从领口、袖口或裤管口露出等。冬季西装必须每 3 天换洗一次；夏季西装必须每 1~2 天换洗一次。单西忌搭配牛仔裤、休闲裤等。

衬衫:需挺括、整洁、无皱折,尤其是领口。长袖衬衫袖子应以抬手时比西装衣袖长出2厘米左右为宜,领子应略高于西装领,下摆要塞进西裤。注意领口和袖口要保持干净。袖口的扣子需扣好,不得高挽袖口。冬季衬衫必须每两天换洗一次;夏季衬衫必须每天换洗一次,保持衬衫干净、无异味。

领带:领带要求干净、平整不起皱;长度要合适,打好的领带结必须与衬衣领口扣紧,不能松松垮垮,领带结必须位于左右衣领正中间,领带尖端恰好触及皮带扣,领带的颜色应与西装的颜色搭配协调。

袜子:袜子宁长勿短,以坐下后不露出小腿为宜,袜子颜色要与西装搭配协调。

皮鞋:着西装一定要搭配皮鞋,且要上油擦亮,保持鞋子的光亮及干净,皮鞋的颜色与西装相协调,不能穿皮凉鞋、网眼皮鞋等裸露脚趾的非正装皮鞋。

(2)女营业员着装。服饰搭配:套装或单西搭配正装长裤、裙均可,西装颜色以单一纯色为主,款式简单大方、得体。夏季西装袖长为:七分袖、九分袖、长袖均可,上衣不可过于肥大或包身。保持西装干净,平整、不起皱;裤、裙颜色与单西搭配协调。冬季西装必须每3天换洗一次;夏季西装必须每1~2天换洗一次。单西应搭配正装长裤,长裤颜色应与单西搭配协调;忌搭配牛仔裤、休闲裤、七分裤、九分裤、短裤等非正装长裤,应保持长裤整洁、干净、无异味;单西应搭配正装女裙,要穿得端端正正,上下对齐;裙子上不宜添加过多的点缀,以单一纯色为主,颜色与单西搭配相协调,尺寸不得过紧,裙子长度不得少于40厘米(裙下摆与膝盖的距离不得大于15厘米),忌搭配超短裙。

衬衫:必须合身,面料应轻薄柔软。不挽袖,不漏扣,不掉扣,领口与袖口处要保持干净;衬衫颜色应与西装搭配协调。

鞋袜:以"舒适、整洁、搭配协调"为原则,鞋子平跟、高跟或中跟皮鞋、凉鞋均可。要搭配正装,不能穿拖鞋、凉拖、布鞋、动动鞋等休闲鞋;鞋的颜色应与服装颜色相协调,避免鞋跟过高、过细。袜子无破损、无脱丝,裙角或裤角不漏袜口;忌穿网状带点和有花纹的丝袜,袜色要与衣服搭配,以肤色或纯色为主。

(3)休闲装规定。男营业员忌穿短裤、背心、拖鞋等过分休闲或不得体的奇装异服;休闲装必须保持整洁、干净、不起皱、无异味。

女营业员忌穿吊带、低胸衫、透视装、抹胸装、拖鞋、超短裙、超短裤(裙子长度不得少于40厘米,裙下摆与膝盖的距离不得大于15厘米;短裤裤长不得少于30厘米,裤角与膝盖的距离不得大于20厘米)等过分休闲或不得体的奇装异服。

(4)特殊情况下的着装

特殊情况下,可以根据现场不同情况和需要酌情换装,如孕期女员工等。

2. 发型

头发应修剪、梳理整齐,保持干净,无头屑、无异味,不染烫怪异发色、发型。男营业员整齐的短发,一律侧不盖耳、后不及衣领;禁止剃光头,不得将头发染成怪异的颜色;女营业员发型梳理整齐,过肩长发必须全部束起,一律前不挡眉眼、不留怪异发型。

3. 化妆

女营业员适当淡妆,不允许浓妆艳抹;避免使用气味过浓的香水和化妆品。

4. 个人卫生

身体不得有汗臭味,应该做到勤洗澡、勤换衣、勤理发;鞋袜清洁、无异味,保持个人卫生;上岗前和工作餐时不得饮酒,不吃含刺激性气味的食物,做到口中无异味。男营业员不允许留胡须,指甲要修剪整齐并保持干净,女营业员不允许留长指甲,涂抹奇怪颜色的指甲油。在疫情防控期间,营业人员应当佩戴防护口罩上岗,与顾客交流时不得摘下口罩。上岗期间应当经常洗手,可用有效的含醇速干手消毒剂;特殊条件下,也可使用含氯或过氧化氢手消毒剂;有肉眼可见污染物时,应当使用洗手液并用流动的水洗手。在工作中避免用手或手套触碰自己的眼睛。

(二) 仪态规范

1. 形态规范

(1) 站姿:腰身挺直,禁忌躬背哈腰;不随意扶、拉、倚、靠、趴、蹬、跨,双腿不可不停地抖动。

(2) 坐姿:就坐时声音要轻,动作要缓。坐姿端正,不得坐在椅子上前俯后仰、摇腿翘脚,或将腿搭在座椅扶手上,不得趴在柜台上,不得盘腿,不得脱鞋。

(3) 行姿:上身保持正直,双肩放松,目光平视。

2. 行为举止规范

(1) 举止要端庄,动作要文明,站、走、坐要符合规范。禁止各种不文明的举动。如吃零食、掏鼻孔、剔牙齿、挖耳朵、打饱嗝、打哈欠、抓头、搔痒、修指甲、伸懒腰等。在工作场所以及平时,均不得随地吐痰、扔果皮、纸屑、烟头或其他杂物。

(2) 不在营业区域内大声喧哗、打闹、谈笑、哼唱、歌唱、吹口哨等;工作时间不得谈论个人私事、家庭琐事。

(3) 手势适宜,宜少不宜多,不用手指指点点。与顾客交谈时双手不要插入衣裤兜,不要双臂抱胸。

(4) 走路脚步要轻,操作动作要轻。在通道、走廊里与同事相遇应点头行礼以示致意;遇到上司或顾客要礼让,不能抢行。

(三) 营业员仪容仪表规范一览表

	男营业员	女营业员
头发	1. 头发应保持清洁并且梳理整齐,发式不可过于时髦 2. 头发不得长过衣领 3. 不可有刘海和大鬓角(不得过耳部上方) 4. 不允许留光头 5. 头发不要有潮湿的外观或使用过多的发胶 6. 不可漂染除黑色以外的颜色	1. 整齐、干净、典雅及职业化的外观 2. 短发不要遮住脸,将头发时刻整理好 3. 长发用黑色发结在颈后盘成发髻 4. 刘海应在眉毛以上 5. 头发饰品不可过于新潮时髦 6. 不可漂染除黑色以外的颜色
面部	1. 清洁 2. 没有胡子	1. 清洁 2. 自然的淡妆,包括腮红、眼影、口红以及接近肤色的粉底
嘴部	清新的口气	1. 清新的口气 2. 使用合适的口红颜色
牙齿	1. 干净,没有食物粘在上面 2. 没有明显可见的缺露牙齿	1. 干净,没有食物粘在上面 2. 没有明显可见的缺露牙齿

（续表）

	男营业员	女营业员
耳部	不可佩带任何耳饰	1. 可佩戴式样简洁保守的贴耳式小耳钉 2. 不可佩戴任何尺寸的圆耳环或掉链式耳环 3. 每只耳朵只可佩戴一只
指甲	1. 指甲剪短并修剪整齐 2. 保持干净的指甲	1. 指甲剪短并修剪整齐 2. 不要涂带颜色的指甲油 3. 保持干净的指甲
鞋子	不可穿拖鞋	1. 不可穿拖鞋 2. 不可穿特级高跟鞋
服装	1. 干净并熨烫整齐 2. 所有扣子都在并钉在合适的位置 3. 不能有破损和污迹 4. 领结、飘带要端正	1. 干净并熨烫整齐 2. 所有扣子都在并钉在合适的位置 3. 不能有破损和污迹 4. 领结、飘带要端正
袜子	1. 完好无损 2. 干净 3. 黑色	1. 完好无损 2. 干净 3. 长筒袜不可有图案
身体	1. 每天洗澡 2. 使用淡雅的香水 3. 在适当的时候使用除臭剂 4. 不可有外露的纹身	1. 每天洗澡 2. 使用淡雅的香水 3. 在适当的时候使用除臭剂 4. 不可有外露的纹身
手臂	1. 经常保持手部洁净 2. 手上戒指不得超过一只 3. 不得戴手链等装饰品 4. 不得戴款式夸张或奢华的手表（特殊柜台除外）	1. 经常保持手部洁净 2. 手上戒指不得超过一只 3. 不得戴手链、脚链等装饰品 4. 不得戴款式夸张或奢华的手表

第二节 法律常识准备

一、《消费者权益保护法》主要内容

新修订的《消费者权益保护法》于 2014 年 3 月 15 日正式施行。消费者投诉举报电话是 12315。

《消费者权益保护法》规定，经营者提供的机动车、计算机、电视机、电冰箱、空调器、洗衣机等耐用商品或者装饰装修等服务，消费者自接受商品或者服务之日起 6 个月内发现瑕疵，发生争议的，由经营者承担有关瑕疵的举证责任。

《消费者权益保护法》规定，经营者提供的商品或者服务不符合质量要求的，没有国家规定和当事人约定的，消费者可以自收到商品之日起7日内退货。

《消费者权益保护法》规定，消费者权益争议解决方式有：请求消费者协会调解，与经营者协商和解，向人民法院提起诉讼。

《消费者权益保护法》规定，经营者生产国家明令淘汰的商品或者销售失效、变质的商品；在商品中掺杂、掺假，以假充真，以次充好，或者以不合格商品冒充合格商品；对商品或者服务作虚假或者引人误解的宣传；提供的商品或者服务不符合保障人身、财产安全要求，除承担相应的民事责任外，其他有关法律、法规对处罚机关和处罚方式有规定的，依照法律法规的规定执行；法律、法规未作规定的，由工商行政管理部门或者其他有关行政部门处以行政处罚。

《消费者权益保护法》规定，关于商品召回，经营者应当承担消费者因商品被召回支出的必要费用。

商品"三包"规定的内容是包修、包退、包换。

《消费者权益保护法》规定，经营者及其工作人员对收集的消费者个人信息必须严格保密，经营者应当采取技术措施和其他必要措施，确保信息安全，防止消费者个人信息泄露、丢失。

《消费者权益保护法》规定，广告经营者、发布者设计、制作、发布关系消费者生命健康商品或者服务的虚假广告，造成消费者损害的，应当由广告经营者、发布者与提供该商品或者服务的经营者承担连带责任。

《消费者权益保护法》规定，消费者向有关行政部门投诉的，该部门应当自收到投诉之日起7个工作日内，予以处理并告知消费者。

《消费者权益保护法》规定，经营者侵害消费者的人格尊严、侵犯消费者人身自由或者侵害消费者个人信息以及依法得到保护的权利的，应当停止侵害、恢复名誉、赔礼道歉、赔偿损失。

宾馆、商场、餐馆、银行、机场、车站、港口、影剧院等经营场所的经营者应当对消费者尽到安全保障义务。

二、《食品安全法》的主要内容

食用农产品销售者应当建立食用农产品进货查验记录制度，并保存相关进货凭证。记录和凭证保存期限不得少于6个月。

销售者档案信息保存期限不少于销售者停止销售后6个月。

采用国家规定的快速检测方法对食用农产品进行抽查检测，被抽查人对检测结果有异议的，可以自收到检测结果时起4小时内申请复检。

销售未按规定进行检验的肉类，或者销售标注虚假的食用农产品产地、生产者名称、生产者地址，标注伪造、冒用的认证标志等质量标志的食用农产品的，由县级以上食品药品监督管理部门责令改正，处1万元以上3万元以下罚款。

在中国境内市场销售的进口食品，必须使用中文。

未与入场销售者签订食用农产品质量安全协议，或者未印制统一格式的食用农产品销售凭证的，由县级以上食品药品监督管理部门责令改正，给予警告；拒不改正的，处1万元以上3万元以下罚款。

未按要求配备与销售品种相适应的冷藏、冷冻设施，或者温度、湿度和环境等不符合特殊要求的，由县级以上食品药品监督管理部门责令改正，给予警告；拒不改正的，处5 000元以上3万元以下罚款。

食品药品投诉举报电话是12331。

未按要求公布食用农产品相关信息的，由县级以上食品药品监督管理部门责令改正，给予警告；拒不改正的，处5 000元以上1万元以下罚款。

广告经营者、发布者设计、制作、发布虚假食品广告，使消费者的合法权益受到损害的，与食品生产经营者承担连带责任。

食品经营者销售散装食品，应当在散装食品的容器、外包装上标明食品的名称、生产日期、保质期、生产经营者名称及联系方式。

对食品作虚假宣传且情节严重的，由省级以上人民政府食品药品监督管理部门决定暂停销售该食品，并向社会公布；仍然销售该食品的，由县级以上人民政府食品药品监督管理部门没收违法所得和违法销售的食品，并处2万元以上5万元以下罚款。

食品经营许可证发证日期为许可决定作出的日期，有效期为5年。

食品经营者伪造、涂改、倒卖、出租、出借、转让食品经营许可证的，由县级以上地方食品药品监督管理部门责令改正，给予警告，并处1万元以下罚款；情节严重的，处1万元以上3万元以下罚款。

食品经营许可证载明的许可事项发生变化的，食品经营者应当在变化后10个工作日内向原发证的食品药品监督管理部门申请变更经营许可。

在经营场所外设置仓库（包括自有和租赁）的，还应当在副本中载明仓库具体地址。外设仓库地址发生变化的，食品经营者应当在变化后10个工作日内向原发证的食品药品监督管理部门报告。

许可申请人隐瞒真实情况或者提供虚假材料申请食品经营许可的，由县级以上地方食品药品监督管理部门给予警告。申请人在1年内不得再次申请食品经营许可。

食品经营者未按规定在经营场所的显著位置悬挂或者摆放食品经营许可证的，由县级以上地方食品药品监督管理部门责令改正；拒不改正的，给予警告。

经营企业应当建立食品进货查验记录制度，如实记录食品的名称、规格、数量、生产日期或者生产批号、保质期、进货日期、供货者名称、地址、联系方式等内容，并保存相关凭证。

食品安全，指食品无毒、无害，符合应当有的营养要求，对人体健康不造成任何急性、亚急性或者慢性危害。

食品添加剂指为改善食品品质和色、香、味，为防腐、保鲜和加工工艺的需要而加入食品中的人工合成或者天然物质，包括营养强化剂。

食品广告的内容应当真实合法，不得含有虚假内容、疾病预防的内容、治疗功能的内容。

申请食品经营许可，向申请人所在地县级以上地方食品药品监督管理部门提交的材料应当包含食品经营许可申请书；营业执照或者其他主体资格证明文件复印件；与食品经营相适应的主要设备设施布局、操作流程等文件；食品安全自查、从业人员健康管理、进货查验记录、食品安全事故处置等保证食品安全的规章制度；申请人委托他人办理食品经营许可申请的，代理人应当提交授权委托书以及代理人的身份证明文件。

有关部门出具的食用农产品质量安全合格证明或者销售者自检合格证明等可以作为合格证明文件。

销售按照有关规定需要检疫、检验的肉类，应当提供检疫合格证明、肉类检验合格证明等证明文件。

从事接触直接入口食品工作的食品生产经营人员应当每年进行健康检查。

实行统一配送经营方式的食品经营企业，可以由企业总部统一查验供货者的许可证和食品合格证明文件，进行食品进货查验记录。

销售者履行了本办法规定的食用农产品进货查验等义务，有充分证据证明其不知道所采购的食用农产品不符合食品安全标准，并能如实说明其进货来源的，可以免予处罚，但应当依法没收其不符合食品安全标准的食用农产品；造成人身、财产或者其他损害的，依法承担赔偿责任。

食品经营者需要延续依法取得的食品经营许可的有效期的，应当在该食品经营许可有效期届满30个工作日前，向原发证的食品药品监督管理部门提出申请。

销售者不得将食用农产品与有毒、有害物品一同运输。

食品生产经营者拒绝在食品安全监督抽检抽样文书上签字或者盖章的，由食品药品监督管理部门根据情节依法单处或者并处警告、3万元以下罚款。

未经许可从事食品生产经营活动，或者未经许可生产食品添加剂，违法生产经营的食品、食品添加剂货值金额不足1万元的，并处五万以上10万元以下罚款；货值金额1万元以上的，并处货值金额十倍以上20倍以下罚款。

生产经营的食品、食品添加剂的标签、说明书存在瑕疵但不影响食品安全且不会对消费者造成误导的，由县级以上人民政府食品药品监督管理部门责令改正；拒不改正的，处2 000元以下罚款。

三、《食品经营许可管理办法》主要内容

（一）食品销售的分类

预包装食品，指预先定量包装或者制作在包装材料和容器中的食品，包括预先定量包装以及预先定量制作在包装材料和容器中并且在一定量限范围内具有统一的质量或体积标识的食品。

散装食品，指无预先定量包装，需称重销售的食品，包括无包装和带非定量包装的食品。

热食类食品，指食品原料经粗加工、切配并经过蒸、煮、烹、煎、炒、烤、炸等烹饪工艺制作，在一定热度状态下食用的即食食品，含火锅和烧烤等烹饪方式加工而成的食品等。

冷食类食品，指一般无需再加热，在常温或者低温状态下即可食用的食品，含熟食卤味、生食瓜果蔬菜、腌菜等。

生食类食品，一般特指生食水产品。

糕点类食品，指以粮、糖、油、蛋、奶等为主要原料经焙烤等工艺现场加工而成的食品，含裱花蛋糕等。

自制饮品，指经营者现场制作的各种饮料，含冰淇淋等。

（二）申请食品经营许可的条件

食品经营许可实行一地一证原则，即食品经营者在一个经营场所从事食品经营活动，应当取得一个食品经营许可证。申请食品经营许可，应当符合下列条件：

（1）具有与经营的食品品种、数量相适应的食品原料处理和食品加工、销售、贮存等场

所,保持该场所环境整洁,并与有毒、有害场所以及其他污染源保持规定的距离;

(2) 具有与经营的食品品种、数量相适应的经营设备或者设施,有相应的消毒、更衣、盥洗、采光、照明、通风、防腐、防尘、防蝇、防鼠、防虫、洗涤以及处理废水、存放垃圾和废弃物的设备或者设施;

(3) 有专职或者兼职的食品安全管理人员和保证食品安全的规章制度;

(4) 具有合理的设备布局和工艺流程,防止待加工食品与直接入口食品、原料与成品交叉污染,避免食品接触有毒物、不洁物;

(5) 法律、法规规定的其他条件。

四、关于"职业打假"的认知

作为营业员既要维护消费者的合法利益,也需要对"职业打假人"有一定的认知,降低企业经营风险。

(一)"职业打假人"定义及其发展历程

"职业打假人"(professional extortioner for fraud fighting)是指一种民事行为人,由于假冒伪劣、有毒有害食品横行,普通民众无法识别以保护自身权益,许多民众通过自身学习相关法律知识,通过法律途径主动打击市场流通的假冒伪劣产品,对市场消费环境起到净化作用。

1994年颁布的《消费者权益保护法》第四十九条规定:经营者提供商品或者服务有欺诈行为的,应当按照消费者的要求增加赔偿其受到的损失,增加赔偿的金额为消费者购买商品的价款或者接受服务的费用的一倍。这条"退一赔一"的规定很快造就了一大批职业打假人。1995年,22岁的王海在北京各商场购假索赔,50天时间获赔偿金8 000元。随后,全国各省市职业打假人不断涌现。

购假之后,50%以上的"职业打假人"都会与商家私了解决。剩下的会去工商举报,或到法院起诉。在北京,每年的相关诉讼就有30多起,但有很多都不是用"职业打假人"自己的名字起诉的。客观上说,也只有赔钱才能触动商家的利益,促使他们把问题改正,而那些屡教不改的企业更是职业打假人所打击的目标。

"职业打假"也确实能够带来一定的收益。有位打假人说,他一年的打假收益扣除成本至少也在五六万元。而据记者了解,有些甚至更高,可以用"可观"来形容。商家认为"他们是在借机敲诈,而且是以此为营生",对于商家来说,这些"职业打假人"令他们感到头疼。北京某著名购物中心的一位负责人告诉记者,这些人在购买问题商品后,一般都先给商场打电话要求"私了","其实就是为了要钱"。要求"私了"时,这些打假人往往会开出高于商品价格几倍的索赔额,有时还会抛出"让媒体曝光""诉诸法律影响不好"等带有威胁性的语言。而出于商业声誉考虑,如果商品真的存在瑕疵,商场也不愿意闹到法院,通常都会选择"私了"。

(二)"职业打假人"主要特点

"职业打假人"投诉索赔内容比较集中;熟悉工商部门的行政执法流程,对工商机关的履职监督程度高;具有区域活动和团队活动倾向,内部分工明确;打假地点多集中在大商场、大超市,打假行动和方式日益规模化、程式化;知假买假是职业打假人区别于普通消费者的典型特征,他们的消费动机是专门购买有问题、有瑕疵的商品,购买数量远远超过普通消费者的正常消费量;据了解,约90%以上的"职业打假人",以追逐私利作为打假目的;职业打假人将目光聚焦在便于获得赔偿的大型商场、超市,长期寻找产品质量、包装标识、保存条件、有效期限、广告宣传等方面存在问题的商品,一旦发现便立即购买,并采取直接向商家索赔、向工商部门申诉举报或向法院提起诉讼等手段要求赔偿;比较注重高额赔偿和举报奖励,通过向政府主管部门举报赚取奖励;普遍拥有较为专业的法律知识及调查取证技能;对相关领域的法律、法规和维权程序非常熟悉,打假技巧和手段较多,索赔成功率高。

(三)普通顾客与"职业打假人"的区别

1. 关注重点不同

普通顾客在消费时通常注重商品的款式或价格,而"职业打假人"则侧重于对材质、内标和外标等的检查。

2. 消费行为不同

普通顾客在购买物品时侧重于适合自己尺码的商品,而"职业打假人"则不辨别尺码是否符合自身。

3. 购买数量不同

普通顾客基本购买单件、搭配类商品或以家庭为单位的商品,而"职业打假人"则会购买所选中的商品,基本会清空品牌库存。

(四)"职业打假人"的社会评价

社会上给予"职业打假人"的评价褒贬不一。更多的消费者把他们当作英雄,但也有人认为他们就是在借此为己谋利。有人认为,"职业打假人"纯粹是为了赚钱,商家给钱,他们就闭嘴,假货越多他们赚的钱越多,他们希望假货越多越好,他们打假,不会告诉群众也不希望群众知道哪里有假货以及怎么识别和预防假货。"职业打假人"应该如何定位?社会学家将那些以营利为目的的"职业打假人"比作"不良商业生活孕育出来的寄生虫"。俗语说:"苍蝇不叮无缝的蛋"。因为有假,他们才有存活的空间。客观上来讲,这些人对于市场的净化确实起到了积极作用,但仍然不是真正意义上的消费者的代表。最高法院在相关法律的解释中称,职业打假本身是一把"双刃剑",一方面能够对假冒伪劣行为起到制约、遏制作用,但也可能产生一些道德风险或者市场秩序上的问题。

(五)"职业打假人"关注的重点项目

"职业打假人"一般比较关注存在问题的商品(有效期限、包装标识、产品质量)和企业不合规的经营行为。根据各地商场反馈"职业打假人"关注商品的问题项目:商品执行标准占14%,商品包装标识宣传语言占19%,过期食品投诉占18%,价格投诉占17%,商品质量投诉占17%,商品配料表及内容问题占15%。

(六)应对"职业打假人"投诉的技巧

1. 基本原则

(1)职能部门介入检查接待和处理流程后,职业打假人的索赔投诉进程和顾客服务流程暂停,根据职能部门处理结果再决定是否继续。除职能部门责令调解解决要求之外,一般不再赔偿。

(2)接待人员配备录音笔设备,做好录音资料搜集工作。

（3）对于长期盘踞商场买假投诉的打假人，除拒绝交易外，若投诉问题确实存在并引起职能部门检查，不能退让赔偿了事，宁可被职能部门处罚也不赔偿。

2. 应对技巧

（1）确认投诉性质并快速查明事实真相。

（2）面对已经明确存在问题的投诉事项，如价格标签出错、促销方式违规，或者商品过保质期等，争取在《食品安全法》、《消费者权益保护法》和公司政策规定的范围快速处理，避免投诉到职能部门给公司造成不良影响。

（3）对于包装标识、材质、产品执行标准、广告宣传等商品标签文字方面存在问题的商品，耐心同打假者协商，争取时间的同时，快速按照《问题商品预警处理方案》通知营运本部、招商本部，通知供应商协助处理，不支持退一赔三或退一赔十（超市食品类）。

（4）依托职能部门的资源，有效遏制讹诈行为。

（5）及时收集证据，对于职业打假人敲诈行为采取反投诉，不予妥协。

（七）应对"职业打假人"的策略

完善自身制度，做好日常的商品物价、质量自我检查，保证所有在柜商品的质量，并认真核对检验报告和实际货品的各项内容，确保一一对应、相符，降低出问题的概率。

加强与工商局、质监局、物价局、食药局等职能部门的沟通联系，建立良好的合作关系。

不要为息事宁人而总是姑息，应尽量减少或拒绝赔偿，增加"职业打假人"的成本，降低"职业打假人"购假获利，从而减少到店概率。另外，赔偿和罚款是分开的，赔偿是调解，不服从调解，"职业打假人"就会走起诉程序，无论是否接受调解，罚款都是必要程序。

发现"职业打假人"时，不要大意、不要逃避，抓紧时间逐级上报，通知经理助理、经理、营运部，并确保其他楼层保持警惕。

假若"职业打假人"欲购买商品，则灵活应对，尽量以各种理由不进行商品售卖。例如，营业员在100%确定对方是"职业打假人"时，婉言谢绝，可说此货无库存，同时告知其在柜商品已被其他顾客预订。

树立反打假意识，对可疑人员保持警惕。营业员在售货的过程中随着经验的积累，可慢慢发现"职业打假人"的特点。

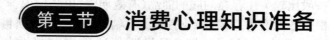

第三节　消费心理知识准备

一、消费心理的概况

（一）消费心理的定义

消费心理指消费者在购买和消费商品过程中的心理活动。购买和消费商品过程是指从消费者接触商品，引起注意，产生购买欲望，作出购买决定到购后感受的全过程。我们学习消费心理就是要用各种有效的方法和手段去吸引消费者关注我们的产品，然后去影响潜在顾客购买我们的产品。

（二）消费心理的影响因素

消费者在选购一个产品的时候，是什么因素在影响着消费者做决策呢？很多人会说：他们觉得贵，他们没有钱。价格确实是最直接最敏感的影响消费者购买产品的一个因素。但除了价格之外，其实还有很多因素影响了消费者的购买意向。

消费者购买意向需要激发和引导。例如，朋友圈发了很多货的打包图，就刺激到了很多朋友圈的人各种咨询、点赞和购买。这样的场景让人觉得你很有实力，让人觉得你可靠，还有很多小伙伴在朋友圈发快递单号等也是非常让人忌妒的。所以我们的宣传方法、内容和技巧都是激发顾客购买的有力武器。

当一个人反映自己真实的一面的时候也能够引起朋友圈很大的反应，比如有个想购买GUCCI包的人发了一个很简短贴子："选择性障碍又发作了，选哪个好看呢"。同时，这个贴子能反映这个人现在的心境是小资的，挑剔的，也引起了朋友圈很大的共鸣。有时很简单的几个字："晚饭不吃了，减肥"，与很多女性的心声一样，但是配的图是一箱水灵灵的诱人樱桃，很让人羡慕嫉妒恨呐。这都充分说明了当你影响到你朋友们的内心深处时，就会引发强烈的共鸣，会吸引大家的目光，也会吸引哗啦啦的人民币。

以上的例子告诉大家影响消费者购买行为，进而刺激消费心理的因素有很多：第一类是销售因素，如品牌、服务、广告、顾客教育等；第二类是内在因素，如顾客的收入、学历、情绪、态度等；第三类是外在因素，如顾客所在的城市、家庭生活群体等。顾客在成交过程中会产生一系列复杂且微妙的心理活动，他们的这些心理对成交有至关重要的影响。

二、顾客的主要消费心理

（一）求实心理

这是顾客普遍存在的心理动机，他们购买物品时，首先要求商品必须具备实际的使用价值，讲究实用。有这种动机的顾客，在选购商品时，特别重视商品的质量效用，讲求朴实大方，经久耐用，而不过分强调外型的新颖、美观、色调、线条及商品的"个性"特点，他们在挑选商品时认真、仔细。

（二）求美心理

爱美之心，人皆有之。有求美心理的人，喜欢追求商品的欣赏价值和艺术价值，这在中、青年妇女和文艺界人士中较为多见，在经济发达国家的顾客中也较为普遍。他们在挑选品时，特别注重商品本身的造型美、色彩美，注重商品对人体的美化作用，对环境的装饰作用，以便达到艺术欣赏和精神享受的目的。

（三）求新心理

求新心理是指客户在购买产品时，往往特别钟情于时髦和新奇的商品，即追求时髦的心理。客户通过对时尚产品的追求来获得一种心理上的满足。求新心理是客户普遍存在的心理，在这种心理左右下，客户表现出对新产品独特的爱好。追新求异是人的普遍心理和行为，满足客户的求新心理也是营业员进行推销工作的一个重点。利用求新心理主要是针对追求新异的客户。当然每一个客户都不同程度地追求新异，因此求新心理可以普遍利用。

（四）情感心理

大多数顾客在消费过程中，很多时候是在情感的支配和影响下产生购买欲望或形成对某种产品的偏爱，有时产生非理性的消费心理。我们通过情感上的服务更能贴近消费者的心，让消费者自觉自愿购买，它比大声吆喝、拼命甩卖获得的生意更稳定。情感销售常常是先给予，再收取，使消费者在心理上产生一种"欠债"感。我们常需要用一些小礼品和小利益吸引消费者，让他们得到一些小利益。很多人在得到一定的好处后总想要去补偿，这就会转化为购买行为。

（五）从众心理

从众指个人的观念与行为跟随大众潮流。消费者在很多购买决策上，会表现出从众倾向。如果一个办公室的女人买了我们产品说好用的话，那整个办公室的女人会跟着都要买，如果一个人说我们产品不好，他周边的人就会被影响到。所以我们要用心学习专业知识，用专业的服务去给我们的顾客推荐和搭配产品，感动了顾客，形成了良好的口碑，自然就有人替我们做广告。

（六）疑虑心理

这是一种瞻前顾后的购物心理动机，其核心是怕"上当""吃亏"。他们在购买物品的过程中，对商品的质量、性能、功效持怀疑态度，怕不好使用，怕上当受骗，满脑子的疑虑。因此，反复向推销员询问，仔细地检查商品，并非常关心售后服务工作，直到心中的疑虑解除后，才肯掏钱购买。

（七）求利心理

"便宜"与"占便宜"不一样。价值50元的东西，50元买回来，那叫便宜；价值100元的东西，想50元买回来，那叫占便宜。人们常听到这些话就欣然买下产品了，如："今天刚开张，图个吉利，按进货价卖给你算了""这是最后一件，按清仓价卖给你""马上要下班了，一分钱不赚卖给你"等。这样的推销话语就会触动我们的"占便宜"心理。"我们的精华露市场价238，网上价188"，也是利用了这种心理让消费者觉得188元的价格是占了便宜。但也正是这种消费心理让很多人在市场上乱了价，放低价来吸引消费者。市场有市场的规则，我们要用长远的目光看待问题。我们不能光靠低价来吸引消费者，那些被低价吸引到的顾客也还是不满足的，他们肯定会认为，你这里168元都买得到，说不定别人138元也能买得到，这样的顾客以后会越来越不信任卖家的。我们要让消费者觉得"占了便宜"是要让他们认可我们的产品有国际大牌的品质和效果，而价格只是国际大牌的1/3。

（八）挑剔心理

男士和女士在选购商品时有着很大的不同。男士一般痛快，想买什么，看好了就结账。女士一般就表现得有点磨叽，喜欢比较鉴别，在商品的细节处大做文章，俗称"挑剔"。女性在消费时，令许多商家倍感头痛的一点就是挑剔心理，一件商品挑质量、看价钱、论服务、问售后、听评价等都是女性购物必杀技，很多营业员感叹："赚女人几个钱我们容易吗？"我们想要铲动女性消费市场这块金，就需要了解女性的购物挑剔心理。

女性消费者在选购消费品时的挑剔心理就是通过外部的观察，来判断事物的好坏。女人们善于也愿意了解更多的关于商品的各方面信息,并不惜花费大量的时间和精力来进行挑选直至她们满意为止。比如,女士买一瓶洗发水,一般会挑剔洗发水的成分、质量、香味、效果等方面。女性的挑剔心理还来源于女性对于外界强烈的防备心理。相对于男性而言,女性在保护自身方面处于劣势,因此女性往往缺乏安全感。社会活动中,女性会表现得谨小慎微,小心翼翼。同样,在消费中,女性消费者由于怕买贵了,怕商品质量不好,怕这怕那,就会表现得斤斤计较,十分难缠。

那么营业员如何应对女性的挑剔心理呢?首先,当遇到挑剔的女性顾客时一定要保持良好的服务态度,甚至是要用好于接待一般消费者的服务态度。因为从心理学角度而言,当两个人交流时,一方态度明显好于另一方时,就会使另一方有一种"欠情"的感觉,因为在人们心里都有着一种互惠意识,也就是互惠原理。比如,今天你帮了我,明天我就帮你;你现在对我好,我也应该对你好。面对挑剔的女性顾客时,营业员良好的服务态度会给感情丰富的女性一种非常友好的感觉,因而使其产生一种想要回报的欲望,所以很可能就会在挑选中,手下口下都留情。其次,女性挑剔心理还来源于商品有时候真的满足不了女性顾客的需求。这就需要我们在服务中个性化再多一点,丰富自己的产品或者服务的种类,争取最大程度上满足消费者的个性需要。总的说来,女性购物欲望直观感觉影响大,容易因感情因素产生购买行为。

(九)攀比心理

女性消费的攀比心理是指一些女性消费者有一种希望自己比别人富有或者有地位的心理,除了通过消费满足自己基本的生活需求,使自己变得更美更时尚外,还会以购买高档次、知名品牌的商品或者购买与众不同的商品来显示自己优越的地位或者其他过人之处。

"东施效颦"的故事说的是美女西施因为心口疼,因而用手按着胸口,紧皱眉头,这个举动非但没有给她的美丽减分,反而让她更加美丽动人,这时丑女东施看到了这一幕,也学着西施的样子,结果非但没有使自己变美,反而招来了众人的嘲笑。从心理学的角度,东施的行为是出于一种爱美的模仿心理,而模仿则源于攀比心理。

女人们往往对社会或者世界上的重大事件和新闻漠不关心,甚至充耳不闻。她们关注的是自己身边的事,过着自己的小日子,什么张家买了一台空调了,李家买了个名牌包包啊,这些事往往成为她们关注的焦点。

我们想要争取女性消费者消费,就可以利用女性消费者的这种攀比心理,在具体的销售环节适时调动女性的攀比心理。例如,看到女性消费者犹豫不决时,可以说"这款产品很实惠,卖得很好"或者"我们的产品都是很有气质有品位的女性来购买的,您很适合"或者"刚刚你那个朋友某某就拿了两盒"等能够恰当刺激女性消费者敏感的攀比心理的话语。不过,需要提醒的是,女性消费者自尊心也很强,在具体的交易中要看准时机,话语要恰如其分。

(十)安全心理

有这种心理的消费者,他们对欲购的物品,要求必须能确保安全,尤其像食品、药品、洗涤用品、卫生用品、电器用品和交通工具等,不能出任何问题。因此,非常重视食品的保鲜期,药品有无副作用,洗涤用品有无化学反应,电器用具有无漏电现象等。在营业员解说、保证后,才能放心地购买。

总之,只有了解了顾客的消费心理,我们才能知道顾客在想什么,我们能做什么。女性大多具有重情感、从众、爱占便宜、购买挑剔、攀比等心理,我们应灵活运用各类人的心理特

征。对于富人来说,他们怕产品不安全、怕没档次、怕没面子、怕没别人好;对于一般客户来说,他们贪便宜、贪赠品、贪打折、贪比别人划算、贪省钱。请抓住消费者的心理去推销,我们的销量才会提升。一个聪明的营业员应该知道客户的消费心理,然后在推销中对症下药,"征服"客户。

有一个出版公司有一批滞销书久久不能售出。推销人员想出一个主意,于是给总统送去一本书并征求意见。总统忙于政务便回了一句:"这本书不错",销售人员便大作广告:"现有总统喜爱的书出售"。书即被抢购一空。不久,又有书卖不出去,销售人员又送给总统一本。怕上当的总统便随便说了一句:"这本书糟透了",转天该公司发出广告,"现有总统讨厌的书出售",结果,书又售罄。因为大家都想看是什么书让总统讨厌。后来,该公司又如法炮制,总统接受教训,不予答复。于是该公司再发出广告,"现有总统难下结论的书出售,欲购从速"。书仍被抢购一空。

所以没有卖不出去的产品,只有卖不出去产品的人,只要讲究方法,用心抓住消费者的心理,我们都能成功。把握对方心理,把我们最专业的知识传播给顾客,用我们最真诚的服务去感动顾客。

第四节 销售环境准备

一、商品陈列

(一)商品陈列的定义

商品陈列是指将商品陈列出来直接或间接地让顾客一目了然,其目的是为了销售,作为促进销售的辅助手段,目的是商店以积极的态度,使自己店里拥有的商品表现出自我,展示出更好的效果,刺激顾客购买,提高门店形象。

(二)商品陈列的原则

1. 显而易见的原则

让卖场内所有的商品都让顾客看清楚的同时,还必须让顾客对所看得清楚的商品作出购买与否的判断;要让顾客感到需要购买某些预定购买计划之外的商品,即激发其冲动性购买的心理;贴有价格标签的商品正面要面向顾客;每一种商品不能被其他商品挡住视线;货架下层不易看清的陈列商品,可以倾斜陈列。颜色相近的商品陈列时应注意色带色差区分。

2. 让顾客伸手可取的原则

注意商品陈列的高度,要满足顾客把商品放回原处也方便的要求。陈列商品与上隔板间应有3~5厘米的空隙,让顾客的手容易伸入。

3. 货架要满陈列的原则

满陈列可以给顾客商品丰富的好印象,吸引顾客注意力,又可以减少内仓库存,加速商品周转。如货架不满陈列,对顾客来说就是商品自己的表现力降低了。

4. 商品所在位置很容易判断的原则

要设置商品配置分布图,商品设置标识牌,分类要合理,并根据商品的变化及时调整。

5. 商品陈列先进先出的原则(前进梯状原则)

先进先出的原则是指货架陈列的前层商品被买走,会使商品凹到货架的里层,这时商场理货员就必须把凹到里层的商品往外移,从后面开始补充陈列商品,这就是先进先出。

6. 商品陈列的关连性原则

关连性商品应陈列在通道的两侧,或陈列在同一通道、同一方向、同一侧的不同组货架上,而不应陈列在同一组双面货架的两侧。

7. 同类商品纵向(垂直)陈列的原则

同类商品纵向陈列,会使同类商品平均享受到货架上各个不同段位的销售;同类商品横向陈列,会使顾客挑选时感到不方便,横向陈列用于纵向陈列变化的补充。

(三) 商品陈列的操作

1. 商品陈列的位置区分

货架区分为上段、黄金段、中段、下段,各段位陈列商品的原则如下:上段陈列推荐品、有心培养的商品、轻小商品、利益商品;黄金段陈列高度大约为85~125厘米,即眼睛最容易看到、手最容易拿取的陈列位置,一般陈列高利润商品、自有品牌、独家进口商品、差别化商品、高价位商品、育成商品;中段陈列低利润商品、补充商品、衰退期商品;下段陈列体积较大、重量较重、易碎、毛利较低、高周转率商品。

2. 商品陈列的配置要求

整齐丰满是商品陈列第一考虑要素;商品分类要明确;欲增加销售的商品,陈列于主通道空间或陈列于端架;相关连商品要连惯性陈列;新商品的陈列必须让顾客容易看到;保存期限较短的商品陈列在明显位置;季节性商品考虑配合季节改变其陈列位置;畅销商品与滞销商品,陈列的位置可替换;外包装较凌乱的商品,陈列于死角处;角落区陈列吸引商品,引导顾客避免死角;堆头陈列时注意高度及安全。

3. 商品陈列的顺序

(1) 计算货架之长度,将各类商品分别配置。
(2) 规定每一种商品的标准陈列量和最低陈列量。
(3) 规定理货员陈列商品的时间。
(4) 决定商品陈列的方法。
(5) 决定POP(卖点)广告的陈列,统计决定重点销售的商品。

(四) 商品陈列的检查重点

1. 检查商品陈列考虑的因素

为了确保陈列有效,最后应对产品陈列情况进行检验与评估,应考虑以下因素:陈列位置是否位于热卖点,该陈列是否在此店中占有优势?陈列位置的大小、规模是否合适?是否有清楚、简单的销售信息?折扣是否突出、醒目并便于阅读?产品是否便于拿取、陈列是否稳固、是否便于补货?陈列的产品是否干净、整洁?零售商是否同意在一定时期内保持陈列?是否妥善运用了陈列辅助器材?

2. 检查商品陈列的重点

检查商品陈列的重点主要有以下几个方面:商品的价格标签是否正面面向顾客;商品有无被遮住,无法"显而易见";商品之背面是否隐藏起来;商品是否时常保持清洁;商品包装是否整齐,有没有脱落;有无价格标签脱落或价格不明显的商品;是否做到了取商品容易,放回也容易;标价是否明显正确;商品群和商品部门的区分是否正确;货架上每一层最上面的商品是否堆放过高;商品陈列是否遵守了先进先出的原则;同类的不同品种商品是否做到了纵向陈列;体积庞大的商品是否置于货架的下层;店内标识牌是否容易识别;商品陈列架上是否有空闲区。

(五)商品陈列技巧与方法

1. 橱窗陈列

在进行橱窗陈列时,首先要确定橱窗的宣传主题,而选择主题则不能脱离陈列内容的主体——商品。可以从不同的方面和角度来选择展示陈列的主题,如从季节变化来展示,从流行性来展示,从经营的代表性品种来展示等。此外,还可从商品的用途方面着眼,选择陈列主题。选择陈列主题之后,要恰到好处地确立橱窗色彩的基调。一个好的色彩基调可把顾客从老远的地方吸引过来驻足观看,因此除了考虑色彩的搭配外,更要考虑如何用色彩表现橱窗的中心内容(主题)并与之相一致。如明度强的陈列商品可用明度弱的色彩作陪衬,暖色调的陈列商品可用冷色调作陪衬,绝对不能出现橱窗内的所有色彩都很鲜、很跳,这样反而会使顾客没有观赏的兴趣。

2. 墙面陈列

墙面陈列或墙壁上的陈列架可根据商品的特点加以变化,进行立体陈列。从卖场的地板到天花板之间的这段距离,可将商品以多种方式进行自由的陈列和装饰。墙面陈列最容易诱导顾客进入店内,如将服装、乐器、小饰品、帽子、皮带、皮包等商品组合在一起,固定陈列在墙壁上,不仅可强调商品的立体感、丰富感,还可使本来很一般的墙壁散发出具有个性的魅力。

3. 柜台陈列

最普通的橱柜的高度通常为90~100厘米,用两片玻璃隔板隔成3段,兼具面对面销售的功能。柜台陈列比较适宜排面陈列和堆码陈列的分类、组合方式,陈列时要将商品整理洁净,商标、图案要面向顾客,每个单元的艺术处理都要注意做到局部和整体的统一。辅助的道具要精巧别致,陈列时最好用丝、毛等高档织物加以衬托,以表现出商品的造型装饰美。柜台的最底层绝对不能用来作为陈列商品的地方,原因有两点:一是显得商品较陈旧;二是因为顾客大多不愿意从这些隐蔽的地方寻找自己所需要的商品。

4. 特价台陈列

特价台陈列是目前各类卖场在举办短期性促销活动、季节性削价、处理积压商品时最常用的陈列方式。此种陈列方式的优点有很多,比如商超可以随时更换商品、顾客可以自由选择商品等。要注意的是虽然特价台是临时性的陈列,但这种陈列方式难免会被人误认为是垃圾商品,稍有品位或追求面子的顾客不会来选购。所以在陈列商品之前,应在特价台的周边适当添加醒目的POP,以不超过10~15个大字的内容,明确、直白地告知所有的顾客"此商品是×××品牌,原价××元,现价××元,为期××天",以激起顾客的好奇心和购买欲望。展示台由人为设置的空间结构组成,它起着"画龙点睛"的作用。

5. 店头 POP 陈列

店头 POP 具有推动销售、建立品牌知名度、增加利润、使消费者认识或喜欢商品、刺激或助长购买欲望的特点,因此在商场内常可见到的陈列方式分两类:公司印制的和人工绘制的 POP。

(1) 公司印制的 POP。海报要放置(贴)在消费者最常走动的路线上(入口处的玻璃、商品陈列处、店外),同时要注意保持整洁、定期更换;货架标签(标志)用在货架或堆箱上,使顾客对此处出售的商品大类一目了然。在陈列的同时要注意保持整齐、清洁,不要挡住商品;柜台展示卡用于柜台销售,可放置在商品上或商品前方。如果柜台所占的面积较小,则要避免展示卡影响顾客拿取商(样)品;挂旗和挂幅悬挂在店内的走道上方、卖场出口及商品上方。此类 POP 要注意定期更换,内容要与卖场的活动相符,店中店则要取得卖场同意方可悬挂;窗贴贴在卖场入口处的门窗或临街的窗户上,在陈列时要注意保持窗贴整洁、不变形,最好能配合其他 POP 一起使用;柜台陈列盒用于卖场柜台和商超收银台;要注意平日里有足够的数量供顾客随意拿取,最好能配合商品的介绍手册或宣传单共同使用。

(2) 人工绘制的 POP。在卖场举行临时性的促销活动而现场又没有公司印制的 POP 时,经常会使用人工绘制的 POP。举办临时性的促销活动时,应立即人工制作 POP,以制造店内的气氛,引起顾客的注意。在手工绘制时,要注意 POP 的整齐和清洁,不可出现乱涂一气、主题不清的现象。绘制 POP 前应随时准备好制作工具,如大纸、彩笔、胶条等。

使用 POP 的注意事项有:应固定放置(贴)在显眼处,不可被其他物品遮挡;海报与贴纸应与顾客的视线接近水平,不可过高或过低,张贴要稳固;产品宣传页之类的用于散发的宣传品要放置在顾客方便看到和拿取的地方;要及时检查、更换受损的或过时的 POP。

(六) 商品陈列的小秘诀

尽量便于顾客取货;不要让海报或陈列品被其他产品或东西掩盖,以免被竞争对手抢走销售机会;不要将不同类别的产品堆放在一起,如不要将洗衣粉和食品放在一起,以免引起顾客的反感;尽量抢占较好的位置,顾客经常或必须经过的交通要道是第一选择;使陈列品从外面就可以被看到,以吸引顾客,运用指示牌指引顾客购买,便于顾客找到产品的位置所在;尽量把产品陈列在接近收银台的地方,使顾客经过时或他们等待交款时可以看到;如果是弱势品牌,应尽量争取将产品陈列在第一品牌的旁边。另外,上货架的产品,应与其市场占有率相符,市场占有率最大的占同一类货物位置的 70%,所有产品的陈列应按贡献能力来安排。

二、补货与理货

商场理货包括补货作业与理货作业,其目的是为了保证卖场商品的充足供应,保证通道的畅通无阻。一个排放整齐有序的卖场有利于吸引顾客,促进销售。

(一) 补货的基本原则

(1) 货物数量不足或缺货时补货。
(2) 补货以补满货架或端架、促销区为原则。

(3)补货的区域先后次序是堆头→端架→货架。
(4)补货的品项先后次序:促销品项→主力品项→一般品项。
(5)必须遵循先进先出的原则。
(6)补货以不堵塞通道,不影响卖场清洁,不妨碍顾客自由购物为原则。
(7)补货时不能随意更动陈列排面,依价格卡所示陈列范围补货,否则影响商品陈列,违反者将按规则处罚。
(8)补货时,同一通道的放货卡板,同一时间内不能超过三块。
(9)补货时所有放货卡板均应在通道的同一侧放置。
(10)货架上的货物补齐后,第一时间处理通道的存货和垃圾,存货归回库存区,垃圾送到指定点。
(11)补货时,有存货卡板的地方,必须同时有员工作业,不允许有通道堆放卡板,又无人或来不及安排人员作业的情况。

(二)理货的基本原则

(1)货物凌乱时,需做理货动作。
(2)零星物品的收回与归位是理货的一项重要工作。
(3)理货的区域先后次序是堆头→端架→货架。
(4)理货的商品先后次序是快讯商品→主力商品→易混乱商品→一般商品。
(5)理货时,必须将不同货号的货物分开,并与其价格签的位置一一对应。
(6)理货时,须检查商品包装(尤其是复合包装)、条码是否完好,缺条码迅速补贴,破包装要及时修复。
(7)理货时,每一个商品有其固定的位置,不能随意更动排面。
(8)一般理货时遵循从左到右、从上到下的顺序。
(9)补货的同时,进行理货工作。
(10)每日销售高峰期之前和之后,须有一次比较全面的理货。
(11)每日营业前理货时,做好商品清洁工作。

(三)商品补货流程

(1)商店巡视,时刻关注商品的销售情况和顾客的购买情况。
(2)商品整理:商品清洁、前进式陈列、关注质量。
(3)确定补货品项,做好所需补货商品的记录,填写补货单,列明品名、数量、货号以及价格。
(4)仓库取货时,必须按照补货单逐一核对提货,避免串号和提错货物,同时修正库存单。
(5)检查商品的质量、保质期、条形码、外包装以及商品是否干净。
(6)补货上架,严禁新货压旧货,整理好新旧商品,排列整齐。
(7)如有剩余的商品,封箱归库,改正库存单,放回原来的位置。
(8)对补货产生的垃圾进行处理,确保无纸板、卡板、遗漏的商品、垃圾和补货车等。
(9)检查是否还有未补货的商品,价签和商品是否对应以及是否有遗漏。

(四)商品理货流程

(1)将零星的散货和孤单商品及时回收与归位。

(2) 检查排面,及时发现凌乱的端架、堆头、货架。

(3) 分区域,按端架、堆头、货架的顺序整理排面。

(4) 每个区域整理时按快讯、主力、易混乱、一般商品的顺序来整理,同时遵循先左后右、先上后下的顺序。

(5) 货号、货物、价签必须一一对应,包装、条码必须完好,商品及货架必须清洁。

(6) 理货必须依照商品的陈列位置图,每个商品必须有其固定的陈列位置,不能随意更动排面。

(7) 退货、破包及等待修复的商品撤离销售区域,固定存放某一库存区域。

(五) 补货/理货时缺货处理

(1) 若某品项货物不足时,采取前进陈列的方法,即将商品拿到货架前方摆放,使商品看起来充实。

(2) 若某产品缺货导致空位,应插上该商品"暂时缺货"卡,同时维持其原有排面,直到该商品恢复供应或采购部有新商品替代,决不允许随意挪动价签位置或拉大相邻商品的排面以遮盖缺货。

(3) 若某项产品补货次数频繁,要注意其陈列面大小是否合理,必要时提出申请,按程序经相关人员书面批准后,再按新的陈列图更正陈列。

(六) 补货/理货时安全注意事项

(1) 安全使用叉车和工具,不要伤及自己、同事、顾客。

(2) 安全使用铝梯,随时检查其稳固性。

(3) 在铝梯或货架上作业时,注意货物安全取、放、递,切不可从货架上往下扔货,以免造成意外伤害。

(4) 高叉车作业,必要时用围栏挡住作业通道以保证安全操作,货物在卡板上码放,从收货部到楼面,均遵循安全、稳固、交叉码放原则,以免货物倒下伤人。

重要概念

仪表　仪容　仪态　服务礼仪　商品"三包"规定　食品安全　消费心理　商品陈列　补货与理货

 习题

一、单选题

1. 当顾客进店时,要主动使用(　　)等规范的迎宾用语和顾客打招呼,然后让顾客轻松地浏览和挑选商品,并加以介绍。
  A. 您来了　　　　　B. 您好,买东西吗?　　C. 您好,欢迎光临　　D. 您买什么

2. 上班时间必须佩戴员工胸卡,下面哪一项是错的(　　)。
  A. 胸牌带在右边　　　　　　　　　　B. 填好姓名、柜台
  C. 贴好照片　　　　　　　　　　　　D. 有损坏及时更换

3. 与女营业员的仪表仪容规范相违背的(　　)。

A. 肩长发必须全部束起　　　　　　　　B. 使用合适的口红颜色
C. 裙子长度不得少于40厘米　　　　　　D. 佩戴多副耳环或多只戒指

4. 消费者自接受商品或者服务之日起（　　）月内发现瑕疵，发生争议的，由经营者承担有关瑕疵的举证责任。

A. 12　　　　　　B. 6　　　　　　C. 3　　　　　　D. 1

5. 下面哪一项不属于商品"三包"规定的内容。（　　）

A. 包修　　　　　B. 包退　　　　C. 包换　　　　D. 包赔

6. 顾客在选购商品时，特别重视商品的质量效用，讲求朴实大方，经久耐用，而不过分强调外型的新颖、美观、色调、线条及商品的"个性"特点，他们在挑选商品时认真、仔细。这类顾客属于（　　）消费心理。

A. 求实　　　　　B. 求美　　　　C. 求新　　　　D. 求利

7. 顾客在挑选商品时，特别注重商品本身的造型美、色彩美，注重商品对人体的美化作用，对环境的装饰作用，以便达到艺术欣赏和精神享受的目的。这类顾客属于（　　）消费心理。

A. 求新　　　　　B. 求美　　　　C. 求新　　　　D. 求利

8. 在陈列特价商品之前，应在特价台的周边适当添加醒目的POP，明确、直白地告知所有的顾客"此商品是×××品牌，原价××元，现价××元，为期××天"，以激起顾客的好奇心和购买欲望，POP的字数（　　）。

A. 不超过5～10个大字　　　　　　　　B. 不超过10～15大字
C. 不超过15～20个大字　　　　　　　　D. 多少无所谓

9. 理货的商品先后次序是（　　）。

A. 快讯商品→主力商品→易混乱商品→一般商品
B. 一般商品→快讯商品→主力商品→易混乱商品
C. 主力商品→一般商品→易混乱商品→快讯商品
D. 易混乱商品→一般商品→快讯商品→主力商品

10. 货架区分为上段、黄金段、中段、下段，有心培养的商品、轻小商品、利益商品应该放在（　　）。

A. 黄金段　　　　B. 下段　　　　C. 中段　　　　D. 上段

二、判断题

1. 男营业员要求整齐的短发，头发一律侧不盖耳、后不及衣领；禁止剃光头，不得将头发染成怪异的颜色。　　　　　　　　　　　　　　　　　　　　　　　　　　　　（　　）

2. 女营业员可穿网状带点和有花纹的丝袜，但是袜色要与衣服搭配，以肤色或纯色为主。　　　　　　　　　　　　　　　　　　　　　　　　　　　　　　　　　　（　　）

3. 男营业员不允许留胡须，指甲要修剪整齐并保持干净，女营业员允许留长指甲，但不可以涂怪颜色的指甲油。　　　　　　　　　　　　　　　　　　　　　　　　（　　）

4. 消费者投诉举报电话是12315。　　　　　　　　　　　　　　　　　　（　　）

5. 食品经营许可证发证日期为许可决定作出的日期，有效期为3年。　　（　　）

6. 我们常需要用一些小礼品和小利益吸引消费者，让他们得到一些小利益。很多人在得到一定的好处后总想要去补偿，这就会转化为购买行为。　　　　　　　　（　　）

7. 男性购物欲望直观感觉影响大，容易因感情因素产生购买行为。　　（　　）

8. 让卖场内所有的商品都让顾客看清楚的同时,还必须让顾客对所看得清楚的商品作出购买与否的判断。　　　　　　　　　　　　　　　　　　　　　　　（　　）

9. 商品陈列第一考虑要素——整齐,丰满。　　　　　　　　　　　　（　　）

10. 货物数量不足或缺货时需要立即理货。　　　　　　　　　　　　（　　）

三、简答题

1. 仪表美的基本原则。
2. 普通顾客与"职业打假人"的区别。
3. 消费者的疑虑心理。
4. 商品陈列的显而易见原则。

四、情景分析题

1. 有一家散装炒货小店生意特别火,其他同类商家怎么也比不上,该店老板说:"其实,我们家瓜子除了味道独特以外,在经营方面还有一个小技巧,就是在称分量时,别人家总是先抓一大把,称的时候再把多的拿掉;而我们家总是先估计得差不多,然后再添一点,不足称再添点,然后再多给一点。"这"添一点"的动作看似细小,却符合顾客的微妙心理,许多顾客都害怕短斤少两,"拿掉"的动作更增加了这一顾虑,而"添点",则让人感到分量给足了,心里踏实,所以乐于登门。

结合案例,分析这家小店生意好的的关键是什么?

2. 郑先生在宁波一家超市里发现一款袋装木耳,不仅超出保质期一月之久,而且已有长毛迹象,20元一袋的木耳,他一口气购买了9袋。然后持购物小票找到超市,要求超市按照《食品安全法》给予10倍赔偿。

结合案例,作为营业员请谈谈你的看法。

第四章

营业员售中接待实务

> **学习目标**
> 1. 了解收银服务规范流程、递交商品并与顾客道别的方式
> 2. 熟悉营业员处理异议并控制成交的方法
> 3. 掌握接触顾客并展示商品的流程

第一节 接触顾客并展示商品

一、接触顾客

顾客光临,营业员是静静地走开,还是悄悄地留下,这里蕴含着营业员的商业功底。接待技巧如何对商店来讲是至关重要的。

(一)适度热情,静观其需

顾客进入店内,特别是从未光临过的顾客进入店内,心里总是带着一种很强的防范意识,缺乏安全感。初次与顾客接触,千万不要过于热情,以免让其产生防范心理。要向顾客推荐自己的产品,必须先了解顾客的需要;而要了解顾客的需要,就必须做到了解顾客的心理,知道顾客真正的愿望,然后有针对性地进行推销。对于经常光顾的熟客,营业员可以主动热情地同客人打招呼,询问他需要什么服务,务必让顾客有一种宾至如归的感觉,从一开始就营造一种友好的销售气氛。对于初次接触的顾客,营业员应在第一时间让他(她)感觉到你已注意到他(她)的到来,也随时准备为他(她)提供服务,但又要耐心地观察顾客的举动,集中精力留心他(她)的目光和面部表情的变化,不断地寻找方法缩短与顾客的心理距离。当顾客接近你的柜台时,你可以用余光注视着他(她),一旦发现他(她)的目光与你相对,你便可以微笑着点点头,说一声"欢迎光临"或"请随便看看"之类的礼貌用语,同时注意观察顾客的表情和视线,做好与顾客交流的准备。

(二)把握恰当时机,接近顾客

"主动、热情、耐心、周到"是营业员接触消费者的基本要求。但主动、热情接触消费者应抓住最佳时机,做到恰到好处。

1. 当消费者进店临柜时,微笑相迎,伺机而动

一个优秀的营业员在消费者进店临柜时,应能准确地观察判断出消费者进店的意图并能给予相应的招呼和服务。当顾客走入店中,目光巡视陈列商品的时候,营业员要快步上前去向顾客打招呼,最好是问"您需要些什么?"此种情况下的初步接触,要越快越好,因为这样可以替顾客节省很多寻找的时间和精力,一定会让他(她)们觉得非常满意。顾客和营业员的眼光相对时,营业员应向顾客点头,微笑相迎,并说"欢迎光临""早安""您好"之类的话,以这样的方式礼貌性地打个招呼。这样做,虽然不一定能立即促成交易,但至少可以表现出营业员应有的礼貌,给顾客留下一个良好的初步印象,顾客有需求时就会主动找你。

进店临柜的消费者从购买意图上分为三种:第一种是有明确购买目标的消费者。这类消费者目标明确,进店后往往是直奔某个柜台,主动向营业员提出购买某种商品的要求。对这类消费者,营业员应主动接待,热情地帮助挑选所需商品。第二种是有购买目标但不明确的消费者。这类消费者进店后脚步缓慢,眼光不停地环视四周,临近柜台后也不提出购买要求。对这种消费者,营业员不要忙于接近,应让他(她)在轻松自在的气氛下自由观赏,看他(她)对某种商品发生兴趣,表露出中意神情时,再主动打招呼,并根据需要展示商品。营业员不能用不客气的目光跟踪消费者,或忙不迭地追问消费者买什么甚至把商品递到顾客面前,挡住消费者的去路。这样往往会给敏感的消费者造成一种压迫感,使其产生疑虑心理,导致拒绝购买。第三种是没有购买打算,来商店闲逛的消费者。这类消费者有的是单个逛,有的是结伴逛。进店后,有的行走缓慢,东瞧西看;有的行为拘谨,徘徊观望;有的是专往热闹地方凑。对这种消费者,如果他(她)们不临近柜台,就不忙于接触,但应该随时注意他(她)们的动向,当其突然停步观看某种商品,表露出中意神态时,或在商店内转了一圈,又停步观看这种商品时,营业员就应及时地打招呼。

2. 当消费者选购时,看准时机,恰当接近

消费者选购商品,一般要"看一看、问一问、比一比、摸一摸、试一试",这是消费者了解和认识商品的过程。当消费者拿几种商品对比挑选时,营业员应站在离消费者稍远的地方,让消费者无拘无束地比较、观看商品,并从消费者的言谈举止中推测消费者喜欢什么样的商品,充分利用自己的知识,满腔热情地从商品的原料、设计、性能及用途等方面选择重点向消费者介绍。以下是消费者选购过程中的几个恰当的接触时机。

(1)顾客长时间凝视某类商品时:顾客长时间凝视某类商品,说明顾客对此类商品产生了较大的兴趣,此时,营业员最好站在顾客正面或侧面,轻轻地说声:"你有什么需要我帮忙吗?"与顾客打招呼时,其语言不应当只局限于"欢迎光临""我能帮您的忙吗?"之类,也可以说:"您真有眼光,这款商品是我们店里的新产品",或者"这款商品有特别之处"。用这种语言做初步接触,既可以引起话题,又增加了成功的机会。

(2)顾客触摸商品时:顾客触摸商品,表明顾客对这款商品产生了浓厚的兴趣,但此时的初步接触并不是顾客一触摸就开始,而是稍微等一等,因为如果在顾客刚触摸商品时就突然开口说话,不但会惊吓顾客,而且会使他们产生误会,"原来他在监视我"或"急于推销的产品肯定不是好产品"。因此,必须把时间拖一拖再开口说话。此时不宜说"欢迎光临"之类的话,可在顾客注视、触摸的时候做适当的引导,来提升顾客的联想力。

(3)顾客长时间注视商品,抬起头来时:当顾客注视商品一段时间后,抬起头来时,营业员应该立即做初步接触。这里顾客抬起头来的原因有两种:一种是想叫营业员,再了解一下这件产品;一种原因是决定不买了,想离开。如果是第一种原因,营业员进行针对性的耐心解答即可;如果是第二种原因,营业员应立即迎上前去,亲切地对他们说:"您要是不喜欢这一款,还有多种不同的款式"或"另一种款式我看您适用",也许顾客会回心转意。顾客即使是一定要走,多数顾客都会把不满意的地方说出来,这也是倾听顾客意见、积累服务经验的一种方法。

(三)男女有别,区别对待

由于男性和女性在生理、心理发展方面的差异,以及在家庭中所承担的责任和义务不同,在购买和消费心理方面有很大的差别。

男性消费者在购买商品以前,一般都有明确的目标,所以在购买过程中动机形成迅速,对自己的选择具有较强的自信。当几种购买动机发生冲突时,也能够果断处理,迅速做出决策。特别是许多男性消费者不愿"斤斤计较",也不喜欢花很多时间去选择、比较,即使买到的商品稍有毛病,只要无关大局,就不去追究。男性消费者在购买活动中心理变化不如女性强烈,他们一般是强调商品的效用及物理属性,感情色彩比较淡薄,很少有冲动性购买,也很少有反悔退货现象。针对男性消费者的这些特点,营业员应主动热情地接待,积极推荐商品,详细介绍商品的性能、特点、使用方法和效果等,促使交易迅速完成,满足男性消费者求快的心理要求。

女性消费者在购买过程中容易受感情因素和环境气氛的影响,一则广告或一群人争相抢购的场面,都可能引发女性消费者特别是年轻女性消费者冲动性购买行为,所以女性消费者购买后后悔及退货现象比较普遍。同时,女性消费者比较强调商品的外观形象及美感,注重商品的实用性与具体利益。在购买商品时,既要求商品完美,具有时代感,符合社会潮流,又要从商品的实用性大小去衡量商品的价值及自身利益。这就是女性消费者走东店进西店,比来比去,挑挑拣拣,迟迟下不了购买决心的原因。所以营业员在接待女性顾客时,需要更多的热情和耐心,提供更周到细致的服务,不要急于成交,给她们足够的挑选、比较的时间,满足其求真的心理。

(四)察颜观色,恰当接触

营业员职业的特殊性要求他们具有敏锐的观察力,善于从消费者的外表神态、言谈举止上揣摩其心理,正确判断消费者的来意和爱好,有针对性地进行接触,给予服务。

1. 从年龄、性别、服饰、职业特征上判断

不同的消费者,对商品的需求各不相同。一般来讲,老年人讲究方便实用,中年人讲究美观大方,青年人讲究时髦漂亮;工人喜欢经济实惠的商品,农民喜欢牢固耐用的商品,知识分子喜欢高雅大方的商品,文艺界人士喜欢别具一格的商品。当消费者临近柜台时,营业员可从其年龄、性别、服饰上推测其职业和爱好,有针对性地推荐介绍商品。

2. 从视线、言谈、举止上判断

眼睛是心灵的窗户,语言是心理的流露,举止是思想的反映。从消费者的言谈举止、表情流露能进一步了解消费者的需要和购买动机,还可以看出消费者的脾气和性格。动作敏捷、说话干脆利索的消费者,其性格一般是豪爽明快的,对这种消费者,营业员应迅速为其推介商品,快速达成交易。在挑选商品时,动作缓慢,挑来比去,犹豫不决的消费者,一般属于顺从型的性格特征,独立性较差。对于这种消费者,营业员应耐心周到,帮助其挑选,并适当地加以解释,促使其做出购买决定。

3. 从消费者的相互关系上判断

消费者到商店买东西,特别是购买数量较多、价格较高的商品时,大多是结伴而来,在选购时由于各自的个性特征及兴趣、爱好不同,意见往往不一致。接待这样的消费者,营业员要弄清以下情况:(1)谁是出钱者。有些时候符合出钱者的意愿是很重要的。(2)谁是商品的使用者。有些时候使用者对选定商品有决定作用。(3)谁是同行者中的"内行"。由于"内行"熟悉商品,所以虽然他既不是使用者,又不是出钱者,但对商品选定起着重大作用。在了解了上述情况以后,营业员还要细心观察、分清主次,找到影响该笔生意的"守门人",然后以

"守门人"为中心,帮助他们统一意见,选定商品。

总之,营业员要耐心等待,保持良好的精神状态;顾客进店后,边和顾客寒暄,边接近顾客,与顾客做恰当初步接触。初步接触成功是销售工作成功的一半。但难度就在如何选择恰当时机,不让顾客觉得过于突兀。当顾客长时间凝视某一商品时,或者若有所思时,当顾客触摸某一商品一小段时间之后,当顾客抬头的时候,当顾客突然停下脚步时,当顾客的眼睛在搜寻时,当顾客与店员的眼光相碰时,都是与顾客初步接触的最佳时机。

二、展示并推荐商品

营业员在适当的时机和顾客进行初步接触后,接下来所要做的工作,就是商品展示。商品展示的目的就是让顾客了解商品,激发顾客对商品的兴趣,使商品给顾客留下较深的印象。要达到这个目的,就必须采取迎合顾客心理需求的商品展示方法。

(一) 恰当的有形展示

高明的商品展示,不但要能满足顾客对不同商品的选择要求,使之从不同的角度把商品看清楚,而且还要有意识地诉诸消费者的感官,提供一定的实际经验,才能达到理想的展示效果。例如:展示服装时,要着重把式样、花式、颜色等展示出来,要把穿着后的状态展现给消费者;展示玩具时,要着重把有趣的造型与巧妙的装置展示出来,并做成动态给顾客观看;展示音响类商品时,要着重把其功能结构展示出来,并让顾客试听;展示食品时,要在符合卫生的前提下,着重把形状、色泽展示出来,并让顾客嗅到香味,甚至可以提供一些品尝的机会;展示新商品时,要着重把它与旧商品的不同之处展示出来;展示名牌商品时,要着重把其厂牌、商标展示出来。展示商品还应注意有意识地诉诸顾客的各种感官刺激,尽可能地提供一定的操作实验,如让顾客自己试听、试看、试穿、试戴、试用、试尝等,这样才能产生较强的刺激效果。在展示商品时,为了适应顾客自尊心的需要,展示同一品种不同档次的商品,要注意由低档向高档逐级展示;如果从高档往低档降层展示,会有可能因为顾客出于自尊心或虚荣心而终止挑选。此外,从低档向高档展示,对那些经济条件较好、喜欢炫耀自己的顾客来说,也许正是他们显示自豪感的机会,有可能会说"有没有更好一点的""我要更高级的"等。

此外,营业员还应特别注意在展示商品时的动作、语调与神态。一方面,动作和语调的快慢,必须适应消费者心理反应的速度和强度,避免因过快而使消费者对商品印象不深,因过慢而对商品印象混乱的情况。人的感觉在速度、强度方面是存在一定差异的,有的能短时感知,有的则需要长些时间才能获得印象。所以,展示商品的动作一般既要快捷又要稳当,不能过于急速,也不宜过于缓慢。过于急速,会给顾客误认为营业员不耐烦而留下不良的印象,甚至产生心理上的紧迫感或束缚感;过于缓慢,会令人感到厌烦,甚至引起某些性急的顾客反感,这些都不利于接待步骤的进行。另一方面,拿递、搬动、摆放、操作示范等动作不可粗鲁、草率,否则顾客会认为营业员对工作不负责任,对商品不爱护,或对消费者不尊重等。如果动作轻巧稳重,能给顾客以郑重其事、尊重买方的心理感受,并从营业员珍惜爱护商品的动作中,联想到商品质量的保证,获得商品更为高贵的印象,从而增强购买信心。

(二) 有侧重点的商品说明

一般来说,商品说明会依商品的不同而有所改变,有时甚至同样的商品,由于顾客的需

要不同,商品说明的内容也不一样。在介绍商品时要有侧重点,只有针对顾客最想知道的部分讲下去,顾客才有兴趣听营业员在说什么。例如:在服装店里服务顾客时,对身材稍胖的顾客可以介绍说:"这件衣服款式的设计效果非常好,穿起来一点也看不出是 L 号的,反而把你的腰身衬托得那么苗条。"这样一来,使这位顾客有"正合我意"之感。同样,对注重商品外观的顾客,营业员就应该针对商品外观的优点向顾客说明;对于注重商品质量的顾客,营业员就应该以质料、耐久性、稳定性等为重点来加以说明;嫌商品太贵的顾客,营业员可以向他说明此商品的价格是公道的,以及别家商店这种商品的价格情况等。总之,营业员有义务针对顾客的需要,来为他们做最详细的说明。

进行商品说明的语调和口气必须恰如其分、简明扼要、速度平稳,不能又长又冗、快嘴快舌、吞吞吐吐,以避免引起厌烦、疑虑等心理,并且还要注意辅以关心的、诚意的、喜悦的神情,同时与动作语言相配合,才能获得顾客的好感。推荐介绍商品的优点,要态度诚挚、实事求是,不可信口开河,言过其实,否则会使顾客产生不信任感。同时,介绍商品的优点要有节制,不可全部端出,因为顾客在购买过程的各个阶段,甚至在买到手之后,还可能存在疑虑心理,所以要留一些有力论据慢慢用,免得在后面阶段再重复已说过的论据而显得无力。在进行商品说明的过程中,营业员绝不可为了提高自己店里的销售数量,就随便诋毁其他商店的商品,因为这是一种不道德的行为。

(三)适时渗入商品行情

许多顾客都有从众心理,三五个人认为是好的商品,那么大部分顾客自然会认为是好的商品。营业员可以简单介绍商品的行情,因为顾客看重的是商品的相对价值。

1. 价格行情

价格行情是最有力的说服证据。营业员要多了解同类商品不同商家的价格情况,这有助于提高商品展示的效果。如顾客到店里买皮带,正当顾客因价格太高犹豫不决时,营业员看出了他的心思,非常自信地说道:"在这条街上你找不到第二家更便宜的价格,因为我们是从厂家直接进货的。"顾客在有依有据的情况下,很可能就买了这商品。

2. 市场销售情况

营业员可以向顾客说明同类商品在市场上还有哪些商家在销售,他们的销售情况如何,有哪些活动,相比之下自己的商店有什么优势。及时地提供市场销售情况,可以帮助顾客做购买决定,让顾客自己意识到在此商店购买最合适。

3. 向顾客介绍商品打折的原因

也就是向顾客说明为什么打折,是畅销品、滞销品、处理品、新产品试销还是过季产品打折?例如,这种商品的质量很好,只是过了销售季节,所以才打折,其实它的使用效果和售后服务的保障措施跟原来完全一样,现在买是非常划算的。

(四)顾问式推荐

经过营业员的说明,顾客对商品有了全面的认识。但是,大多数的顾客不会很冲动地立即掏出钱包,他们会将同类商品做个比较。有的顾客也可能只是有一些犹豫,不知道这个商品该不该买,买得值不值。比较之后,也许有些顾客就不喜欢这个商品了;也许有些顾客会立即做出购买决定;还有些顾客在这个阶段还是会犹豫不决,左思右想拿不定主意。因为顾客的比较权衡是购买过程中买卖将要达成的阶段,所以在此时,营业员应把握机会,提供一些有价值的建议给顾客,供其做参考,帮助顾客做出购买决定。

1. 要具有顾问式服务意识

顾问式服务就是营业员要真诚地帮助顾客,不论顾客能否在商品知识和自身决策方面做某种程度的选择,营业员都要站在顾客的立场上为其着想,针对顾客的需求,给予他们最多的商品咨询和建议,使其放心愉快地购物。

2. 要遵循四原则

(1) 帮助顾客比较商品。营业员要帮助顾客做商品比较,利用各种例证充分说明所推荐的商品与其他商品的不同之处,并对顾客特别强调此商品的优点在哪里。

(2) 要实事求是。营业员介绍商品时,千万不要信口开河,把不好的说成好的,没有的说成有的,一旦顾客发觉后,便会愤然离开,甚至永不上门。例如,有位先生要买条裤子,见货架上挂着一条颜色满意而价格仅128元的裤子,他上前摸了摸,这时营业员走过来说:"这是韩国进口的麻纱面料,今年最流行了。"这位先生虽不常买衣服,但对面料比较在行,本来他对128元的价格并不抱太高的希望,只要颜色好,穿着合适,一般的面料也就可以了。但明明是涤纶的面料,营业员却一口咬定是"麻纱",他便全没了购买兴趣。所以,接待顾客一定要本着诚实的原则,因为营业员是在为顾客服务,而不是在向顾客强行推销。

(3) 设身处地为顾客着想。营业员必须处处站在顾客的角度,为其利益着想,学会换位思考,设身处地为顾客着想,建立利他思维,且能结合自己的专业知识,给出顾客个性化的建议,只有这样才能比较容易地说服顾客购买商品。

(4) 让商品自我推荐。为得到顾客的信赖,营业员不仅要熟悉自己的商店和销售的商品,还要对其他竞争产品、类似品加以研究,搜集在比较权衡时需要用的资料,以便在接待顾客时加以灵活运用,这样,推荐工作才能有说服力。现场可以进行一些必要的演示,让顾客体验到与众不同的特性,让商品自我推荐。例如,介绍服装面料时,营业员可以用手使劲搓揉衣服,然后松开手让顾客看面料毫无褶皱,像刚熨过的一样。

3. 要注意销售要点的运用

(1) 推荐简短扼要。营业员在做商品说明时,一定要把"销售要点"指出来,说明的语言越简练越好,突出要点,千万不要让啰嗦的句子喧宾夺主。例如,营业员在推销衬衫时说:"这种衬衫只要用温水泡上中性洗涤剂,就可以洗得很干净了,而且洗后不用熨。"这种销售要点说明得过长,顾客不容易抓住重点。如果突出主题说:"这件衬衫是免熨的。"或者说:"这件衬衫干得很快而且免熨,头天晚上洗,第二天就可以穿。"就比较容易吸引顾客的注意。说明销售要点要像打电报那样简短,而不要像写信那样冗长。

(2) 说明商品优缺点的顺序要恰当。实事求是是推荐商品最基本的原则。商品不仅有它的优点,也有它的缺点,营业员既要对顾客说明事实以获得信赖,也要讲究技巧。在说明商品的优缺点时应注意"先说明缺点,再说明优点"。例如,"这双鞋的质量相当好,就是价钱稍微高了点""这双鞋的价钱稍微高了点,但质量非常好"这两句话比较起来,除了前后顺序颠倒外,字数、措辞没有丝毫的变化,但却让人产生截然不同的感觉。前者先告诉顾客"质量好"的优点,然后再说"价钱高"的缺点,听起来会给顾客一种"这么贵,值不值得买"的感受。后者的情形刚好相反,先把"价钱高"的缺点告知顾客,然后再点出"质量好"的优点,所以整句话听起来重点在后头,顾客可能会想"有道理,其实也就是买个放心,贵点就贵点吧"。总结这两句话,就形成了下面的公式:质量虽然很好,但价钱高了一点儿——优点+缺点=缺点;价钱稍微高了点儿,但质量很好——缺点+优点=优点。可见说明同一件商品的顺序将会影响顾客的购买心情。因此,营业员在向顾客介绍、推荐商品时,应采用后一种公式,此方法效果非常好。

(3) 不要使用过多的专业术语。营业员在说明时尽量不要夹带过多的商品专业术语和缩略代码,以免顾客听不明白而导致销售中断。要用通俗易懂的语言,和顾客进行平等的交流,打消顾客购买过程的疑虑。

第二节 处理异议并控制成交

一、处理异议

在很多情况下,消费者由于受各种因素的影响,迟迟下不了购买决定。接待这类消费者,营业员要分析消费者犹豫且存在异议的原因,使用恰当的语言,使消费者消除疑虑与异议,下定购买决心。

(一) 产生异议的因素

1. 来自顾客方面的因素

主要表现为:客户先入为主的成见;客户的购买习惯;客户的购买经验(从前有过不满意的经验);客户没有购买需要,或未被激发购买需求;客户没有支付能力或预算不够;客户没有购买权或不符合公司规格要求;客户心情不佳或怕麻烦,不放心;客户已有固定的货源关系(契约关系)或手边尚有存货等。

2. 来自营业员方面的因素

主要表现为:营业员服务不周;营业员信誉不佳;营业员礼仪不当;营业员资讯不完整;营业员证据不足;营业员公信力不够等。

3. 来自商品方面的因素

主要表现为:商品价格因素(太高);商品品质、等级、功能、包装、服务等因素。

(二) 顾客异议的类型

顾客的异议是指顾客在购物过程中提出的反对意见和不同观点,它经常表现为顾客提出问题。营业员要想顺利完成服务,必须对顾客的异议做出恰当的反应。顾客的异议一般分为以下几种类型。

1. 需求异议

所谓需求异议就是说顾客认为还不需要该产品而形成的一种反对意见。它往往是在营业员向顾客介绍产品之后,顾客当面拒绝的反应。例如,一位女顾客提出"我已经有一件和这个差不多的裙子了""我们已经有了"等。这类异议有真有假,真实的需求异议是成交的直接障碍,营业员如果发现顾客真的不需要此类服装,那就应该立即停止推荐。虚假的需求异议既可表现为顾客拒绝的一种借口,也可表现为顾客没有认识或不能认识自己的需求,营业员应认真判断顾客需求异议的真伪性,对持虚假需求异议的顾客,应设法让他们觉得所推销产品提供的利益和服务,符合顾客的需求,使之动心后,再进行推销。

2. 财力异议

财力异议是指顾客认为缺乏支付能力的异议。例如,"这衣服倒是不错,但是没钱买""今天没有带钱,不买了"等。通常而言,对于顾客的支付能力,店员在与顾客的初步接触中就要准确辨认真伪。真实的财力异议处置较为复杂,店员可根据具体情况,或协助对方解决支付能力问题,如答应延期付款或赊销等,或通过说服使顾客觉得购买机会难得而贷款购买。对于作为借口的异议,店员应该在了解真实原因后再作处理。

3. 价格异议

价格异议是指顾客以商品价格过高而拒绝购买的异议。无论商品的价格怎样,总有些人会说价格太高、不合理或者比竞争者的价格高。例如,"太贵了,我买不起……""我想买一种便宜点的型号……""我不打算花那么多钱,我只使用很短的时间……""在这些方面你们的价格不合理"以及"我想等降价再买"等。顾客提出价格异议,觉得价高,言外之意产品还行,价格高低只是相对的,引导顾客要为他摆事实,这个价位在同类产品中并不高;也要讲道理,价格低的并不都是好货,我们价格高但是质量好,要多方面引导。对于价格上之异议可告知"一分钱一分货""我们的服务是不打折扣的",并举例强调品质、服务之重要,告知顾客其身份、地位、气质、品位,与商品的高品质相得益彰。举例说明后,很多顾客购买后很可能会再回来追加购买。

4. 商品异议

商品异议是指顾客认为商品本身不能满足自己的需要而形成的一种反对意见。例如,"这颜色太土了,穿上显老""这件衣服款式太旧了""新产品质量都不太稳定",还有对商品的设计、结构、型号等提出异议。商品异议表明顾客对商品有一定的认识,但了解还不够,担心这种商品能否真正满足自己的需要。因此,虽然有比较充分的购买条件,就是不愿意购买。为此,营业员一定要充分掌握产品知识,能够准确、详细地向顾客介绍商品的使用价值,从而消除顾客的异议。

5. 权力异议

权力异议是指顾客以自己不当家,不具备购买决策权为理由而提出的一种反对意见。例如,顾客说:"做不了主。我回去后和家人商量后再决定。"和其他异议一样,权力异议也有真实或虚假之分。营业员在寻找目标顾客时,就应该对顾客的购买人格和决策权力状况进行认真的分析,也应该找准决策人。面对没有购买权力的顾客极力推销商品是徒劳,是无效的营销。在决策人以无权作借口拒绝营业员及其产品时,放弃营销更是营销工作的失误,是无力的营销。店员必须根据自己掌握的有关情况对权力异议进行认真分析和妥善处理。

6. 营业员异议

营业员异议是指顾客认为不应该从某个营业员处购买商品的异议。很多顾客不肯买推销商品,只是因为对某个营业员有异议,他不喜欢这个营业员,看不惯这个营业员,不愿让其接近,排斥该营业员。但顾客肯接受自认为合适的其他营业员的建议。比如,"你们那个姓牛的销售员在不在,我上次就是在他那儿买的""你们老板呢,我要找他谈"等。营业员对顾客应以诚相待,与顾客多进行感情交流,做顾客的知心朋友,消除异议,争取顾客的谅解和合作。

(三)处理异议的基本方法

1. 转折处理法

转折处理法,是推销工作的常用方法,即营业员根据有关事实和理由来间接否定顾客的意见。应用这种方法时首先承认顾客的看法有一定道理,也就是向顾客做出一定让步,然后再讲出自己的看法。此法一旦使用不当,可能会使顾客提出更多的意见。在使用过程中要尽量少地使用"但是"一词,而实际交谈中却包含着"但是"的意见,这样效果会更好。只要灵活掌握这种方法,就会保持良好的洽谈气氛,为自己的谈话留有余地。比如,顾客提出营业员推销的服装颜色过时了,营业员不妨这样回答:"小姐,您的记忆力的确很好,这种颜色几年前已经流行过了。我想您是知道的,服装的潮流是轮回的,如今又有了这种颜色回潮的迹象。"这样就委婉地反驳了顾客的意见。

2. 转化处理法

转化处理法,是利用顾客的反对意见自身来处理。顾客的反对意见是有双重属性的,它既是交易的障碍,同时又是一次交易机会。营业员要是能利用其积极因素去抵消其消极因素,未尝不是一件好事。这种方法是直接利用顾客的反对意见,转化为肯定意见,但应用这种技巧时一定要讲究礼仪,而不能伤害顾客的感情。此法一般不适用于与成交有关的或敏感性的反对意见。例如,一位营业员向一位中年女士推销一种高级护肤霜。顾客提出异议:"我这个年纪买这么高级的化妆品干什么,我只想保护皮肤,可不像小青年那样要漂亮。"营业员回答:"这种护肤霜的作用就是保护皮肤。年轻人皮肤嫩,新陈代谢旺盛,用一些一般性护肤品就可以了,人上了年纪皮肤就不如年轻人,正需要高级一点的护肤霜。"

3. 以优补劣法

以优补劣法,又叫补偿法。如果顾客的反对意见的确切中了产品或公司所提供的服务中的缺陷,千万不可以回避或直接否定。明智的方法是肯定有关缺点,然后淡化处理,利用产品的优点来补偿甚至抵消这些缺点。这样有利于使顾客的心理达到一定程度的平衡,有利于使顾客做出购买决策。当推销的产品质量确实有些问题,而顾客恰恰提出这一点,营业员可以从容地告诉他:这种产品的质量的确有问题,所以我们才削价处理。不但价格优惠很多,而且公司还确保这种产品的质量不会影响您的使用效果。这样一来,既打消了顾客的疑虑,又以价格优势激励顾客购买。这种方法侧重于心理上对顾客的补偿,以便使顾客获得心理平衡感。

4. 委婉处理法

营业员在没有考虑好如何答复顾客的反对意见时,不妨先用委婉的语气把对方的反对意见重复一遍,或用自己的话复述一遍,这样可以削弱对方的气势。有时转换一种说法会使问题容易回答得多。但只能减弱而不能改变顾客的看法,否则顾客会认为你歪曲他的意见而产生不满。营业员可以在复述之后问一下:"你认为这种说法确切吗?"以求得顾客的认可。比如顾客抱怨价格比去年高多了,怎么涨幅这么高。营业员可以这样说:"是啊,价格比起前一年确实高了一些。"然后再等顾客的下文。

5. 合并意见法

合并意见法,是将顾客的几种意见汇总成一个意见,或者把顾客的反对意见集中在一个时间讨论。总之,是要削弱反对意见对顾客所产生的影响。但要注意不要在一个反对意见上纠缠不清,因为人们的思维有连带性,往往会由一个意见派生出许多反对意见。摆脱的办法,是在回答了顾客的反对意见后马上把话题转移开。把顾客的几种反对意见归纳起来成为一个,并作出圆满的答复,不仅会使顾客敬佩营业员的专业知识和能力,还会削弱其意见产生的影响,从而会使销售活动顺利进行。例如,"其实您最关心的就是毛衣缩不缩水、变不变形,这您不用考虑太多,因为这是经过工艺加工过的,任何情况下都不会缩水、不会变形。"

6. 反驳法

反驳法是指营业员根据事实直接否定顾客异议的处理方法。理论上讲,这种方法应该尽量避免。直接反驳对方容易使气氛僵化而不友好,使顾客产生敌对心理,不利于顾客接纳营业员的意见。但如果顾客的反对意见是产生于对产品的误解,而你手头上的资料可以帮助你说明问题时,你不妨直言不讳。但要注意态度一定要友好而温和,最好是引经据典,这样才有说服力,同时又可以让顾客感到你的信心,从而增强顾客对产品的信心。反驳法也有不足之处,这种方法容易增加顾客的心理压力,弄不好会伤害顾客的自尊心和自信心,不利于成交。

7. 冷处理法

对于顾客一些不影响成交的反对意见,营业员最好不要反驳,采用不理睬的方法是最佳的选择。千万不能顾客一有反对意见,就反驳或以其他方法处理,那样就会给顾客造成你总在挑他毛病的印象。当顾客抱怨你的公司或同行时,对于这类无关成交的问题,都不予理睬,转而谈你要说的问题。顾客说:"啊,你原来是××公司的营业员,你们公司周围的环境可真差,交通也不方便呀!"尽管事实未必如此,也不要争辩。你可以说:"先生,请您看看产品……"国外的推销专家认为,在实际推销过程中80%的反对意见都应该冷处理。但这种方法也存在不足,不理睬顾客的反对意见,会引起某些顾客的注意,使顾客产生反感,且有些反对意见与顾客购买关系重大,营业员把握不准,不予理睬,有碍成交,甚至失去推销机会。因此,利用这种方法时必须谨慎。

8. 先发制人法

在销售过程中,如果营业员感到顾客可能要提出某些反对意见时,最好的办法就是自己先把它指出来,然后采取自问自答的方式,主动消除顾客的疑义。这样不仅会避免顾客反对意见的产生,同时营业员坦率地提出商品存在的某些不足,还能给顾客一种诚实、可靠的印象,从而赢得顾客的信任。但是,营业员千万不要给自己下绊脚石,要记住在主动提出商品不足之处的同时,也要给顾客一个合理、圆满的解释。

9. 摊牌方法

当营业员和顾客在互相不能说服对方的情况下(顾客始终处于两难的境地),营业员要掌握主动,可以采用反问的方法以表明自己的诚意,借此来答复顾客的反对意见,这样不仅可以获得顾客的好感,削弱反对程度,还可以使顾客不会再纠缠这个问题。例如,顾客一再询问:"我穿上这件衣服真的有那么好看吗?"营业员可以笑着回答:"您说吧,我要怎么才能说服您呢?"或"那您自己到底是怎么看呢?"

10. 消除偏见,争取认同法

对开口就拒绝的顾客,营业员不要气馁,更不必与顾客争辩,如果强行让顾客接受自己的观点,只会增加对立感,造成销售失败。正确的做法是要采用询问的方法找出导致偏见的

种种原因,然后用"是,但是……"的方法先表示同意,再委婉地用事实、数据消除顾客的偏见,改变其看法。

(1) 抓住偏见的漏洞。顾客的偏见中往往存在一些明显的漏洞,与事实有一定的差距。营业员在改变顾客的看法时,一方面,要肯定他的某些观点,表现出对顾客的理解,从而建立信任关系;另一方面,营业员要针对偏见的漏洞去说服,用事实击破它。

(2) 抓住商品的优点。当顾客提出的异议是基于事实的根据时,营业员则可以强调商品的突出优点,以弱化顾客提出的缺点。例如,营业员介绍:"这件衣服是用漂亮的纤维织物制成的,摸上去感觉非常柔软。"顾客:"是很柔软,但是这种质地很容易脏。"营业员:"我知道您为什么会这么想,其实这是几年以前的情况了,现在的纤维织物都经过了防污处理,污渍很容易去除的。"

(3) 直接否定。当顾客的异议来自不真实的信息或误解时,可以使用此方法。由于"直接否定法"是直接驳斥顾客的意见,所以,只有在必要时才能使用。而且,说话的语气一定要柔和、婉转,要让顾客觉得你是为了帮助他才反驳他的,决不是有意要和他争辩。这样,顾客的自尊心才不至于受到伤害。

(4) 消除心理障碍。反映其他商店服务态度不好的顾客,说明他对本店的产品还是非常感兴趣的,或确实有意想买这家店的商品,只是有心理障碍。那么,营业员可以这样说:"真是对不起了,在此我先代表公司向您表示歉意,您看上次有哪些问题没有给您解释清楚,我会尽全力给您解答。"

(5) 讨教。营业员可以采用向顾客讨教的方法,以获得相互讨论的机会,并从中加入自己的观点,趁机说服对方。抱有偏见的顾客总认为自己是正确的,向其请教看法正合他意,恰能满足他发表高见的需要,营业员也因此获得了一个说服对方的机会。在事实、数据的证明和友好的气氛下,顾客肯定会改变观点,愉快地接受营业员的建议。

11. 引用比喻的方法

对商品不太了解的顾客,营业员需要做进一步的解释。可以通过介绍事实或比喻,以及使用实际展示等(如赠阅宣传资料、商品演示)较生动的方式使问题容易理解,消除顾客的疑虑。例如,顾客说:"一张好好的脸上抹那么多层化妆品,那还不抹坏了呀!"营业员回答:"您看,裹在很多层衣服里面的皮肤和面部的皮肤是一样的,它很细嫩,但不易产生皮肤问题和老化的现象(营业员边介绍边把自己的衣服袖子卷起来,让顾客看胳膊部位的皮肤),这是因为衣服阻隔了大部分的阳光,而皮脂腺分泌出的油脂沾上了空气中的灰尘和污垢之后,就很容易阻塞毛孔,使皮肤产生黑黄色素、面疱、粉刺和过敏等问题。所以我们应该同时在面部用几种不同作用的护肤品,给面部皮肤穿上衣服,使它不易受到外界因素的侵蚀,同时也达到了预防和改善皮肤问题的效果。"比喻能化抽象为具体,能把深奥的道理变为一般的事实,特别有利于顾客的理解。用我们再熟悉不过的衣服作为比喻来形容护肤,可使任何顾客都能很好地理解。

12. 有保留地同意顾客意见法

对表现为故意反对的顾客,营业员不必与他们讨论自以为是的看法,但为了不忽视顾客,营业员还要在言语上附和,以求得一个稳定的销售环境,从而避免双方在枝节上的讨论、解释和无谓的争辩。在保证顾客不会强烈反对的情况下,营业员可以主动推进销售进程,在商品介绍中,自行消除这种反对意见。

13. 截断顾客后路法

有些顾客热心地挑选了一阵商品之后，突然找借口说不要了，这对营业员来说，无疑是一个打击。那么该如何处理这类事情呢？

首先，要弄清楚顾客说"不"的原因。当然不能直接问："您为什么不买？"这种责问式的语气只能使顾客产生一种敌对的心理，更加坚定自己不买的决心，营业员应该使用询问的方法。例如，"您不满意这个花色？"（顾客原是满意的）顾客："不，满意。"营业员："这是专为你们这个年纪的人考虑设计的，您不喜欢？"（针对需求）顾客："不，喜欢。"营业员："如果您买后，觉得不合适，可以包换，很方便。"顾客："对，不过……"对营业员的多次询问，顾客无力拒绝，只好道出不买的原因。

其次，要理解顾客。顾客突然改变主意肯定有他的原因和理由，即使不买，也是他自身的权利，营业员不应对顾客带有情绪，绝不能表现出不屑和冷落，更不能指责、破口大骂。有一句话说得好，成交只是成功的开始，生意不是一锤子买卖，要建立长久的生意关系，就要树立自己良好的形象。所以，营业员应理解、关心顾客，如可以说，"您不买没关系，欢迎您下次再来""真对不起，没有您需要的商品""的确应该多考虑考虑，不必匆忙下决定"。在与顾客的初次接触中，营业员要有不计一城一地得失的眼光，第一次交易只是生意的开始。这次不购买，只要给顾客留下良好的印象，他（她）肯定还会再度光临。

最后，要说服顾客。在顾客说出原因表明意见的同时，也给营业员创造了说服顾客的机会。营业员应该用自身的理解再针对顾客的需求，有理、有据、有层次、深入地进行说服。例如，顾客看完一件衣服对营业员说："谢谢你刚才的介绍，我再考虑考虑吧！"对于这种以推迟时间为借口的反对意见，营业员必须要找出它背后的真正理由，可以适当询问："对不起，可以问一下，您要考虑什么问题？是不是我还有什么问题没说清楚？"或者"请问，是不是您对这件衣服还有其他更关心的地方？"就这样，用询问的方式可以帮助营业员揭开借口的烟幕，再次打开话题，推进销售活动。顾客看到营业员这么诚恳，会说："这衣服挺好的，就是贵了点。"营业员可以继续问："对不起，我可以问一下您是和哪里商品对比呢？"总之，顾客的意见是任何一家公司得以生存的重要法宝。

（四）处理异议的基本步骤

首先，完全接受。微笑点头、身体向前倾、语调柔和，向顾客表示感谢，并告知美好的愿景。

其次，解释原因，并拿出纸笔在纸上作答，使其印象更深刻。对于顾客的异议，营业员要能迅速判断其类型，针对性说明原因，并可以拿出纸笔在纸上作答，给顾客留下你很专业且对产品非常了解的印象。

再次，举出第三者以有力地证明，并专门针对异议处理。如果顾客在商品质量问题上存在异议，犹豫不决，营业员要耐心介绍商品的原材料、生产工艺过程以及性能、用途等，使消费者了解商品；或者向消费者推荐其他商品。如果顾客在商品价格问题上存在异议，犹豫不决，营业员在了解消费者经济状况及购买用途的基础上，应有针对性地拿递不同档次的商品。如果是花色、规格不适合，营业员应介绍其他花色和规格的同类商品。

最后，适时要求购买。消除消费者疑虑的方法很多，营业员应灵活掌握。通常情况下，正是因为异议才表明了顾客对商品的兴趣，异议中包含着成交的希望，营业员对顾客异议的答复，有可能说服顾客购买商品。营业员还可以通过顾客异议了解顾客心理，知道他

(她)为何不买,从而采取相应对策。当异议妥善处理后,营业员要适时引导顾客购买,迅速成交。

(五)处理异议的错误行为

在处理顾客异议的过程中,有一些错误的行为,营业员应尽力避免。处理异议时常见的错误行为有以下几种:

1. 与顾客争辩

当营业员和客户的观点不一致的时候,试图以争辩、质问、说教等方式使顾客认识到并承认营业员的观点,这种做法是不对的。不管营业员是否有理,同顾客争辩都不会达到说服顾客的结果,反而加强了顾客的抵触心理,使顾客失去对营业员的信任。因此,营业员在任何情况下都不要与顾客争辩。

2. 表示不屑

有些营业员认为顾客的观点不对或态度不好时,表现出一种不屑与顾客计较的态度,如果顾客察觉到营业员的不屑态度,会感到自尊心受到伤害,从而产生对营业员乃至店铺的抱怨情绪,自然也就不会在此购买。营业员对顾客的问题不回答,同时流露出不屑一顾的表情,这也是非常不礼貌的,且不能最终达到推销商品的目的。

3. 不置可否

对于顾客的观点和态度,营业员不置可否,采取放任的态度,这样的结果,或是使顾客失望或抱怨,或是加强了顾客原来的疑问和异议。

4. 表现出悲观

对于顾客所提出的疑问或异议,特别是那些难于回答和处理的问题和异议时,营业员表现出悲观的情绪。营业员的悲观情绪使自己的工作业绩、店铺的信誉和形象都受到很大的负面影响,可能会赶走真正想买的顾客。

5. 乞求顾客

对于顾客提出的难以解答的疑问和异议,营业员不是正面地积极应对,而是纠缠、乞求顾客购买。乞求不但很少能达到使顾客购买的目的,而且非常不利于营业员和店铺的形象,会影响到店铺和营业员的长期利益。

6. 说竞争对手的坏话

当顾客拿竞争对手的情况与你的店铺比较时,千万不要讲竞争对手的坏话来解答问题,这样反而会使顾客产生不信任,而应对顾客的看法首先表示理解,然后耐心地向顾客介绍比竞争对手产品强的地方。

7. 答案不统一

在同一家店铺,不同的营业员对同一个问题的回答,如果不统一,会使顾客无法判断究竟谁的答案是正确的,从而产生不信任。所以,店内的营业员要及时沟通,保证店内统一正确的答案。

事实上,顾客的异议具有两面性:既是成交障碍,也是成交信号,我国有一句经商格言"褒贬是顾客,喝彩是闲人",即说明了这个道理。只要营业员能掌握技巧,灵活处理,就能排除异议,促成销售。

（六）处理反对意见的时机

选择好处理反对意见的时机和处理反对意见同样重要，它能促使销售活动顺利进行。

1．立即答复

营业员对顾客由于偏见、价格上的异议、对商品不太了解以及对信息的需求而产生的反对意见要立即作出答复。因为持这几种反对意见的顾客都有一种想进一步了解商品的欲望，如果不及时满足顾客的这种需要以坚定他（她）对商品的信心，顾客就很有可能放弃对商品的了解兴趣，从而远离。所以营业员要抓住时机，争取销售成功。

2．提前回答

如果顾客先提出某些反对意见，营业员往往要花费很多的心思和口舌才能纠正其看法，弊大于利。为了避免这一问题的产生，营业员就要抢在顾客前面把他有可能提出的某种客观问题指出来，然后采取自问自答的方式，主动消除顾客的疑义。

3．延后回答

对借口、自我表现和恶意反对等反对意见，营业员不要立即给予解释，因为这三种状态下的顾客，在心理上和营业员是处于对立状态的，如果贸然与顾客讨论反对意见的正确与否，只会加剧这种对立。所以，这种情况下，营业员可以先保持沉默。但这种方法最好还是少用，以免使人产生"忽视顾客意见"的印象。

（七）处理反对意见的注意事项

具体表现为：抱着欢迎的积极态度，不能表现出一脸的不屑；不要马上解释或反驳，更不能与顾客争辩；听清楚反对意见，并找出顾客的误解和反对意见的真正原因；在解释前，如遇顾客提及竞争品牌，营业员要从正面阐述自身的优势，讲述其他品牌不具备的优点，但不要讲竞争对手的坏话；要不断观察顾客的反应；遇到自己不了解的问题时应及时与商店的专业人员联系；当顾客说今天不买时千万不可冷落顾客。

二、控制成交

（一）请求成交法

请求成交法又称为直接成交法，是指营业员向顾客主动提出成交的要求，直接要求顾客购买商品的方法。当买卖已经"瓜熟蒂落"时，营业员自然就应说："请您仔细看看，我给您包起来。"这是一种最基本、最常用的成交方法。

1．使用请求成交法的时机

使用请求成交法的时机主要有以下几种。

（1）向老顾客推销时，可采用这种方法。对于老顾客，因为买卖双方已建立了较好的人际关系，运用此法，顾客一般不会拒绝。例如，"女士，您经常购买的香皂又有新香型了，您再买几块吧！"

（2）顾客已发出购买信号时，可采用这种方法。顾客对商品产生购买欲望，但还未拿定主意或不愿主动提出成交时，销售人员宜采用请求成交法。例如，一位顾客对营业员推荐的空调很感兴趣，反复地询问空调的安全性能、质量和价格等问题，但又迟迟不做出购买决定，这时营业人员可以用请求成交法。例如,"这种空调是新产品,非常实用。现在厂家正在搞促销活动,享受八折的优惠价格,如果这时买下,您还会享受终身的免费维修,这些一定会让您感到满意的"。

(3)在解除顾客存在的重大顾虑后,可采用这种方法。当营业员尽力解决了顾客的问题和要求后,此时是顾客感到较为满意的时刻,营业员可趁机采用请求成交法,促成交易。例如,"您已经知道这种电热水器并没有您提到的问题,而且它的安全性能更好,您不妨就买这一型号的,我替您挑一台,好吗?"

2. 运用请求成交法的注意事项

(1)营业员对达成利于双方的交易结果充满自信。特别是在其他成交法都未获得成功时,请求成交法也许是促成购买的最后机会。

(2)要求营业员具备较强的观察能力。因为请求成交法要求营业员主动提出成交要求,所以营业员必须尽量引导顾客,使洽谈局面朝着成交的结果发展。营业员应时刻观察顾客,适时开口提出成交要求。

(3)把握好成交的时机。在成交的过程中,成交时机是营业员最不易把握的因素。选择适当的时机要求成交,会令顾客自然、顺利地接受。反之,在时机不成熟时要求成交,则会导致顾客的回避甚至反感而错过机会。

(二)假定成交法

假定成交法又称假设成交法,是指营业员在假定顾客已经接受销售建议,同意购买的基础上,通过提出一些具体的成交问题,直接要求顾客购买商品的一种方法。例如,"您手上的这支口红很适合您的年龄和肤色,来,我替您装好""我一会儿就打电话为您核实一下是否有货"。如果顾客对此不表示任何异议,则可认为顾客已经默许成交。

采用此种方法来促成交易,要求营业员始终有这样的信念:顾客将要购买,而且也一定会购买。通过接近准备,了解到顾客确实有这种购买需要,也有购买能力,既然是对双方都有益的事情,顾客没有理由放弃这样的机会,对自己也充满了必胜的信心。营业员不仅要有这样的念头,而且应通过言谈举止、神态表情显示出来,并密切注意顾客所发出的购买信号,及时地、主动地提出成交的假定,如果顾客不表示反对,交易就可达成。

假定成交法的优点是节省销售时间,效率高。它可以将销售提示转化为购买提示,适当减轻顾客的成交压力,促成交易。但具体在使用这种方法时,要注意下列几点。

(1)应适时地使用假定成交法。一般只有在发现成交信号,确信顾客有购买意向时才能使用这种方法,否则会弄巧成拙。

(2)应有针对性地使用假定成交法。使用这种方法时,营业员要善于分析顾客。一般地说,对依赖性强、性格比较随和的顾客以及老顾客,可以采用这种方法。但对那些自我意识强、过于自信的顾客,则不应使用这种方法。

(3)注意制造推销气氛,比较自然地使用假定成交法。

(三)选择成交法

选择成交法是指营业员向顾客提供两种或两种以上购买选择范围,并促使顾客在有效范围进行成交方案选择的一种成交方法。它是假定成交法的应用和发展,仍然以假定成交理论作为理论依据,即营业员在假定成交的基础上向顾客提出成交决策的比较方案,先假定成交,后选择成交。例如,"您为您的西装是选配一条还是两条领带呢?""你是要红色的还是黑色的?"

选择成交法在实际销售工作中经常使用,并且具有明显的效果。营业员把选择权交给顾客,把顾客的选择限定在目标范围内,无论顾客做出什么样的选择,都在目标范围以内,都可以达到营业员的目的。

选择成交法的优点就在于既调动了顾客决策的积极性,又控制了顾客决策的范围。选择成交法的要点是使顾客避开"要还是不要"的问题,让顾客回答"要 A 还是要 B"的问题。这种方法能否成功的关键在于,营业员能否正确地分析和确定顾客的真正需要,提出适当的选择方案。提出了与顾客需要相符的选择方案,有助于顾客购买,有利于顺利成交。选择方案不宜过多,否则反而会使顾客拿不定主意。在实际工作中,营业员应灵活运用选择成交法。

(四)避重就轻成交法

避重就轻成交法又称为小点成交法或次要问题成交法,是营业员通过次要问题的解决来促成交易的一种成交法。小点是指次要的、较小的成交问题。

小点成交法主要利用的是"减压"原理,以若干细小问题的决定来避开是否购买的决定,培养良好的氛围,导向最后的成交。例如,计算机营业员问顾客:"请问您需要液晶显示器的计算机还是显像管显示器的计算机呢?"

(五)从众成交法

从众成交法是指营业员利用顾客的从众心理,促使顾客立即购买商品的一种成交方法。例如,手机销售人员说:"这是今年最流行的机型,我们一天就卖一百多台,请问先生什么时候要货?"

(六)优惠成交法

优惠成交法又称让步成交法,是指营业员通过向顾客提供优惠条件,从而促使顾客购买的方法。求利心理动机是顾客的一种基本购买动机,是促成交易的动力,优惠成交法正是利用了这一心理特点,抓住顾客可能存在的对价格、运费、折扣、让价、赠品等交易条件方面种种好处的渴求,直接向顾客提示成交优惠条件,诱使顾客立即购买商品。

(七)总结利益成交法

总结利益成交法是指营业员将顾客关注的产品的主要特色、优点和利益,在成交中以一种积极的方式来成功地加以概括总结,以得到顾客的认同并最终获取订单的成交方法。

(八)保证成交法

保证成交法是指营业员通过向顾客提供售后保证,从而促成交易的成交方法。保证成交法是营业员针对顾客的主要购买动机,向顾客提供一定的成交保证,消除顾客的成交心理障碍,降低顾客的购物风险,从而增强顾客的成交信心,促使尽快成交。保证成交法是一种大点成交法,直接提供成交保证,直至促成交易。

由于各种不同的成交方法只适合于某一特定的情形,因而要求营业员要善于辨别顾客异议的类型,并由此决定使用何种成交方法来解决这些异议。组合应用各种成交法能有效地促进销售。

第三节 收银服务

一、收银服务的重要性

收银服务是营业员工作的重要组成部分,是记录营业收入的起点,也是财务管理工作的重要环节。

收银台是顾客在店铺购物体验的最后一站,所有的努力都是为了顾客最后的买单,而收银服务是所有这些付出的结果和终点,所以收银服务是店铺的形象代表。

收银岗位是一个与顾客面对面接触的重要窗口,确定营业员收银时的职责,统一和规范收银人员的操作,可以让顾客更多了解公司的专业化服务,同时也在顾客心目中树立起公司良好的服务形象。

二、收银服务的基本要求

收银人员仪容仪表要整洁、大方,注意仪态和文明礼貌用语,对顾客礼貌尊重、公平对待并做好微笑服务;对产品价格熟悉,收银、打包动作快而准确;熟悉各种包装盒、包装袋的用途、包装量及各种产品的价格,能熟练打包,做到打包、收银一致,不能多收或少收顾客的钱;对于会员卡、新产品和促销活动做好建议与推广,提高客单价;随时注意添加各种包材用量,保持收银台物料和台面清洁卫生,方便顾客摆放选购的商品。

三、收银服务的基本流程

(一)服务前的准备工作

按照标准洗手,检查手部有无外伤,指甲是否过长,是否有戴戒指、手链等饰物,注意仪容仪表的整洁、精神饱满;检查收款机、验钞机、音响等设备是否能正常工作;检查打包用品和各种收银单据是否齐全、充足;准备零用金,保证各种散钱充足够用;准备足够用量的各种包装盒和包装袋,放置时注意将公司标志面向顾客。

(二)服务中的工作流程

1. 欢迎顾客

对顾客有礼貌,运用礼貌用语,欢迎顾客光临。例如,您好、欢迎光临、谢谢您、早上好。

2. 确认商品数量与金额

对顾客要保持亲切友善的笑容,和顾客现场确认商品的数量,以及应付款的总金额,并询问顾客的付款方式。

3. 收取银钱

如果顾客现金支付,收银员要唱收唱付,即收顾客钱款时,要唱票"您的商品多少钱",

"收您多少钱",找零钱时唱票"找您多少钱";如果顾客电子支付,比如支付宝、微信等,要告知其支付金额,并和顾客确认支付成功;如果顾客以银行卡支付,收银员要双手接过银行卡,规范操作后,及时将银行卡返还给顾客。

4. 打包商品,交付顾客

收银人员装袋时要避免不是同一位顾客的商品放在同一购物袋中的现象;对体积过大的物品要用绳子捆好,方便顾客提拿;促销活动中所发的广告或赠品确认后放入袋内;提醒顾客带走所有商品,防止遗忘在收银台上的事情发生。

5. 欢送顾客

收银人员帮助顾客将商品装入购物袋后,应该运用礼貌用语欢送顾客,如欢迎再来。

四、收银服务的注意事项

收银服务应该注意以下问题。

(1) 每班收银人员需按店面的要求进行交接班。交班项目包括:打印一张收银员交班汇总表,清点所有的款项(现金、信用卡、挂账、预付金、备用金),按规定封包投入投币箱,和下一班办理交班手续,填写交班记录。

(2) 每班需将当班入账的所有原始票据交接给下一班,原始票据包括:账单、押金单、杂项单、扣数调整单。全部票据由当天店面负责人上交财务部日核员。

(3) 所有的扣数项目(负数账项),如费用调整、杂项调整、电话费调整必须填写手工票据,注明相关的操作原因,且经过相关负责人签字确认。在电脑中录入时,需在备注栏说明。

(4) 不能随意进行转账操作。所有的转账操作必须按流程执行。

(5) 除预付金之外的所有杂项现金收入必须在相应的杂项单上加盖现金章,并由相关人员签字确认。

五、示例介绍

超市收银服务的工作流程,具体如下。

(1) 询问顾客是否有会员卡,查询会员卡信息并告知客户,将会员卡归还给顾客。

(2) 询问顾客是否需要塑料袋,扫描商品的条形码,并看着电脑屏幕,确认信息扫描无误。

(3) 告知顾客一共消费多少元,检查钱币是否为真币,确认后打印小票,将小票和找零一并交给顾客。

(4) 将商品交给顾客,顾客走时,说一句欢迎下次光临。

第四节 递交商品并与顾客道别

一、递交商品

递交,即将商品递交给顾客。递交的程序一般是在商品包装、计价、收款后,将商品、发票、保证卡等一同递交给顾客。递交时应做到以下三点。

(1) 将所购买商品及各种票证一同递交给顾客,并可嘱咐"请您收好,这是您购买的××,这是鉴定证书,这是购货凭证"。

(2) 递交时可同时简短介绍商品使用注意事项、保养注意事项、保修或退货规定。

(3) 递交时应有礼貌、细致准确,双手将已包装好的商品轻轻交到顾客手中,注意不要递错,切忌不要因顾客多、工作忙而将商品随意抛给顾客。

二、与顾客道别

(一) 道别注意事项

道别即送别顾客,是接待过程的最后一个环节。道别时营业员应该做到以下两点。

(1) 态度亲切自然,用语恰当,有礼貌,可说"您走好""欢迎再来"等。

(2) 当工作繁忙、顾客多,不能用语言表达道别之意时,应微笑点头,或举手示意表示道别,给顾客留下良好的印象,给商店树立起信誉,为后续销售奠定良好的基础。

(二) 道别的方式

在与客户交往的场合,必有道别。也许你会认为道别无非是说"再见""请慢走"之类,用不着"花言巧语"。其实,道别也是一门学问。善于交际的营业员,应掌握一些道别的具体方式,并把它应用到实际工作中去。

1. 期待式

交际的成功与否,在于双方有无再聚的愿望。期待式的告别方式犹如丝丝细雨,沁人心田。例如,告别一位买了化妆品的顾客:"希望您用了我们的护肤霜,皮肤丰润且有光泽,期待早日再次见到您。"如果客户遇到挫折,遭受不幸时,好言相劝自在情理,但在安慰之后不妨留下你的期望:"希望下次见到你时,你不是这个样子,好吗?"或者说:"等你心情好时,我们一起去游玩。"由此可见,期待式的告别犹如冬天里的阳光,会带给客户温暖,也是对客户的最大安慰。

2. 回味式

当你和顾客交流得比较投机时,你可向客户表达你内心的眷恋:"今天的日子过得真快,真想把今天的一切带进梦里。"也不妨依依不舍:"今天在这里的交谈,犹如在家里一样,体验到了一种天伦之乐的亲情。"如此温情盈耳的话,相信客户听了,定会为之心花怒放。

3. 谐趣式

所谓谐趣,即为幽默。俗话说:笑一笑,十年少。确实,一个笑口常开的人能感染他周围的每一个人。在一些交际场合,风趣幽默的告别更能使周围的人会心一笑。与客户相聚,在谈够玩够之后,告辞时你不妨向他调侃道:"今天我们过得真痛快,下次你到我那儿,一定让你玩得败兴而归。"或者说:"我们今天一分手,准让我难过好几天。"大家相视一笑,不亦乐乎。

4. 致歉式

这种告辞方式适用于有求于人或打扰别人后。例如,你向客户求助,告辞时你可以说:"你为我费心了,真不好意思,下次再登门致谢。"若他人对你的求助爱莫能助时,你不妨说:"没关系,你瞧我这人总爱麻烦人。"如果你有事相商,打断别人工作时,事后可以说:"耽误您的宝贵时间,真让我感到不安。"如此这般致歉,既维护他人的自尊,也表明自己的心迹,一举两得,其交际效果一定不错。

5. 致谢式

这是一种最为普遍又实用的道别方式,适用受惠于人之后。例如,"这次幸亏您帮忙,要不我真不知该怎么办才好""您帮了我的大忙,叫我拿什么谢您"。别致的道别,别致的情。根据交际场合的不同,你的道别方式也要因"境"而异。得体的道别,犹如优美散文的尾声,意味深长。

总之,消费者买好商品准备离柜前,营业员要按消费者的要求包扎商品,快速结算,且不可推脱不管包装。这样不仅会破坏马上成交的生意,甚至会影响消费者从此不再光顾此店。在适当的情况下,营业员还可以对消费者的选择给予赞许、夸奖,以增添达成交易给双方带来的喜悦气氛,但切忌过分,否则会给消费者留下虚伪、不真实的感觉。消费者离柜时,营业员要有礼貌地送别。

重要概念

顾客异议   顾问式服务   需求异议   财力异议   转折成交法   假定成交法

习题

一、单选题

1. 当顾客长时间凝视某一商品,若有所思时,当顾客触摸某一商品一小段时间之后,当顾客抬头的时候,当顾客突然停下脚步时,当顾客的眼睛在搜寻时,当顾客与店员的眼光相碰时,都是与顾客(　　)的最佳时机。

　　A. 初步接触　　　　B. 介绍商品　　　　C. 推销商品　　　　D. 控制成交

2. (　　)就是营业员要真诚地帮助顾客,不论顾客能否在商品知识和自身决策方面做某种程度的选择,营业员都要站在顾客的立场上为其着想,针对顾客的需求,给予他们最多的商品咨询和建议,使他们能放心愉快地购物。

　　A. 初步接触服务　　B. 商品说明服务　　C. 顾问式服务　　D. 控制成交服务

3. (　　)是指顾客在购物过程中提出的反对意见和不同观点,它经常表现为顾客提出问题。

    A. 顾客异议　　　　B. 价格异议　　　　C. 权力异议　　　　D. 财务异议

4. (　　)是推销工作的常用方法,即营业员根据有关事实和理由来间接否定顾客的意见。

    A. 转化处理法　　　B. 冷处理法　　　　C. 转折处理法　　　D. 合并处理法

5. (　　)是利用顾客的反对意见自身来处理。顾客的反对意见是有双重属性的,它既是交易的障碍,同时又是一次交易机会。营业员要是能利用其积极因素去抵消其消极因素,未尝不是一件好事。这种方法是直接利用顾客的反对意见,转化为肯定意见,但应用这种技巧时一定要讲究礼仪,而不能伤害顾客的感情。

    A. 转化处理法　　　B. 转折处理法　　　C. 合并处理法　　　D. 冷处理法

6. (　　)又称为直接成交法,是指营业员向顾客主动提出成交的要求,直接要求顾客购买商品的方法。

    A. 从众成交法　　　B. 选择成交法　　　C. 假定成交法　　　D. 请求成交法

7. (　　)是指营业员向顾客提供两种或两种以上购买选择范围,并促使顾客在有效范围进行成交方案选择的一种成交方法。

    A. 从众成交法　　　B. 选择成交法　　　C. 假定成交法　　　D. 请求成交法

8. (　　)又称让步成交法,是指营业员通过向顾客提供优惠条件,从而促使顾客购买的方法。

    A. 请求成交法　　　B. 选择成交法　　　C. 优惠成交法　　　D. 从众成交法

9. (　　)是营业员工作的重要组成部分,是记录营业收入的起点,也是财务管理工作的重要环节。

    A. 收银服务　　　　B. 道别服务　　　　C. 推销服务　　　　D. 成交服务

10. (　　)是送别顾客,是接待过程的最后一个环节。

    A. 道别　　　　　　B. 收银　　　　　　C. 介绍　　　　　　D. 成交

二、判断题

1. 营业员要耐心等待,保持良好的精神状态;顾客进店后,边和顾客寒暄,边接近顾客,与顾客恰当地初步接触。(　　)

2. 在介绍商品时要有侧重点。只有针对顾客最想知道的部分讲下去,顾客才有兴趣听营业员在说什么。(　　)

3. 在销售过程中,如果营业员感到顾客可能要提出某些反对意见时,最好的办法就是自己先把它指出来,然后采取自问自答的方式,主动消除顾客的疑义。这样不仅会避免顾客反对意见的产生,同时营业员坦率地提出商品存在的某些不足,还能给顾客一种诚实、可靠的印象,从而赢得顾客的信任。(　　)

4. 从众成交法是指营业员利用顾客的从众心理,促使顾客立即购买商品的一种成交方法。(　　)

5. 优惠成交法又称让步成交法,是指营业员通过向顾客提供优惠条件,从而促使顾客购买的方法。(　　)

6. 总结利益成交法是指营业员将顾客关注的产品的主要特色、优点和利益,在成交中以一种积极的方式来成功地加以概括总结,以得到顾客的认同并最终获取订单的成交方法。(　　)

7. 保证成交法是指营业员通过向顾客提供售后保证,从而促成交易的成交方法。(　　)

8. 收银服务是营业员工作的重要组成部分,是记录营业收入的起点,也是财务管理工作的重要环节。（　　）

9. 道别的程序一般是在商品包装、计价、收款后,将商品、发票、保证卡等一同递交给顾客。（　　）

三、简答题

1. 简述接触顾客的技巧。
2. 简述商品展示的方法。
3. 简述产生异议的因素。
4. 简述顾客异议的类型。
5. 简述处理异议的基本方法。
6. 简述处理异议的基本步骤。
7. 简述处理异议的错误行为。
8. 简述控制成交的方法。
9. 简述收银服务的工作流程。
10. 简述与顾客道别的方式。

四、情景分析题

手机营业员如何修炼？

（1）打招呼。销售人员要接近顾客首先必须要做的当然是向顾客打招呼。打招呼时要注意三点,热忱、目光、笑容。热忱:不知大家注意过没有,在主动与别人打招呼时,绝对会出现的情况就是打招呼的人热情,对方有可能就跟着热情,冷淡地向别人打招呼一定会得到冷漠的回应,所以我们在向顾客打招呼时一定要热情。目光:用专注的目光盯住对方的眼睛,这会给顾客一定的震撼作用,会让顾客对你产生亲近。有人觉得这样做好像不太礼貌,特别是男销售员面对女顾客时。我只能告诉你,你这种想法是大错特错。这样说的道理其实很简单,一个人热情地对你打招呼,而且你发现他的眼睛有神地盯着你好像在说话,你的心理活动会是什么样的呢？一是觉得好奇,这个人怎么这样看着我；二是有一丝紧张又有点害怕（这点紧张害怕就会让别人在几分钟之内控制你的思维）,产生紧迫感,紧迫感使你紧张慌乱,不知所措,此时你就可能接受他的安排了；三是觉得兴奋并开始对这个人产生好感。而呆滞、散乱的目光只会给你带来相反的效果。笑容:真诚的笑容会拉近你与顾客之间的距离,会将因目光给对方造成的那一丝紧张和害怕变成对你的尊重与心理依靠。

（2）介绍自己及产品功能。不管是对陌生顾客还是对打过交道的顾客,你都不要忘记在打招呼后介绍自己,来强化顾客的记忆系统。介绍自己及商品品牌、功能时也要注意三点,简单、清楚、自信。简单:简单的介绍不但可以让顾客一下子了解你及商品品牌、功能,也会为你下面的销售工作留下足够时间,还有就是简单的介绍顾客最容易记住,一个顾客记住了你及商品品牌、功能,他就可能给你介绍来更多顾客,也有利于建立与顾客今后的交易。清楚:产品介绍熟练,顾客才会认可,一个连产品都说不清的店员,还怎么样让顾客买产品？自信:自信是最重要的,自信不但能影响你自己,还能影响顾客。对自己要有自信,对产品也要有自信,才会让顾客信服,顾客才会购买。

（3）体验产品。体验:把产品放到顾客手上,让顾客参与进来体验产品,这会让他觉得

产品已经是他的了,然后突然从顾客手中拿回产品,让顾客产生失落感。善于利用失落感:适当地给对方失落感,会使对方失落和不甘心,从而使你的销售活动更顺利。介绍:介绍产品要简洁,明了。尽量用明白易懂的语言介绍产品,最好不用让顾客听不明白的专业术语。价值:用眼睛注视顾客,了解对方的心理活动。说价格就比较产品做活动时与平时的价格差,没做活动的产品就和同类比较贵的产品来比较,如果自己的产品是行业里最贵的,就比较产品的价值与价格之间的差,总之是让顾客有成就感就行。

(4)成交。时机:成交时要求专业化和恰到好处,专业化会让对方觉得他的购买决定是对的。快速:提出顾客想了解的问题,并快速解答处理问题,不要让顾客自己有过多的思考机会,要不然太多的疑问不但会让你手忙脚乱,打断销售进程,还会让顾客疑虑越来越多使你无法控制,动摇顾客购买的决心。假设:要多用假设——假设成交、假设使用、举例等,让顾客感觉产品已经是他的了。

(5)再成交。乘胜追击,抓住对方的购买动机,再次刺激其购买欲望。善于利用拥有感:拥有感会使对方无限满足,从而忘记他的付出。做到这一点就可以坚定顾客的信念,使其不会后悔购买你的产品。

当你了解了基础的销售流程,就要有自我表现欲,懂得利用对方心理和销售技巧后就要开始使用自己的主观思维制造气氛,使对方在自己的安排下实现销售目的。有非常强的自我表现能力的人,要了解对方的欲望,使对方在自己的强烈感染下实行销售。只要大家按上述技巧将自己所销售手机产品的过程进行分解,反复练习,我相信就能做好一个手机营业员。跳出销售做销售,让成交就像呼吸一样简单,做到这几点你就可以成为优秀的营业员,你已经可以胜任任何销售职务了。

思考:

(1)手机营业员的工作流程是什么?

(2)案例中涉及哪几种控制成交的方法?结合案例加以说明。

第五章

营业员售后服务实务

> **学习目标**
> 1. 了解退换货服务、保修服务、商品维修服务、客户维护服务的基本概念
> 2. 熟悉退换货的注意事项、客户维护的重要性、商品维修的方式
> 3. 掌握退换货的基本流程、保修责任的认定、客户维护的方法

第一节 商品退换服务

一、商品退换服务的基本概念

商品退换服务是营业员的一项常规工作,是指在商品售出后,接待要求退货、换货顾客的业务活动。退换货主要分为以下三种情况:可以退货、可以换货、不可以退换货。在不同的情况下,营业员需要依照标准做出不同的应对。

通常来说,可以进行退换货的情况有以下两种。

(1) 确有质量问题,且在退换货时限内的商品是可以退换的。

(2) 一般性商品无质量问题且不影响二次销售的,也可以退换货。仅支持换货的情况通常是因为商品确有质量问题但超出退货时限,如果不影响重新销售,虽然不可以退货,但营业员可以为顾客换货。

此外,在一些特定情况下,营业员是可以拒绝为客户提供退换货服务的,具体情况包括以下六种:

(1) 商品超出退换的时限;

(2) 一般性商品虽无质量问题但有明显使用痕迹的,不可以退换;

(3) 经过顾客加工或特别为顾客加工后的商品,无质量问题的,不可以退换;

(4) 因顾客使用、维修、保养不当或自行拆装造成损坏的商品,不可以退换;

(5) 商品售出后因人为失误造成损坏的,不可以退换;

(6) 原包装损坏或遗失、配件不全或损坏、无保修卡的商品,不可以退换。

二、商品退换货的基本流程及注意事项

(一) 基本流程

在为消费者进行退换货服务时,一般有五个流程。

(1) 受理顾客的退换货商品、凭证。在受理顾客的商品和凭证时,要准确检查其是否准确、完好、无损。

(2) 听取顾客的陈述。听取顾客的陈述时,判断是否符合退换货标准;如果符合,则可以安排退换货;如果不符合,则应该第一时间详细、耐心、礼貌地向顾客说明原因。

(3) 决定是否退换货。确实符合退换货标准的商品,应准确给出可退换货的答复,不可

让消费者产生退换货困难的感受。

（4）填写"退换货单"。写明退换货原因、责任人等信息，并且复印票证以便今后进行存档核查。

（5）现场退换货。仔细清点现金或仔细与顾客确认更换后的商品是否完好无损，现场为顾客办理完成退换货服务。

(二) 注意事项

需要注意的是，当消费者前来办理退换货服务时，他们的心中其实已经对企业产生了负面的印象，因为他们花了钱却没有得到相应的产品和服务，心中自然会有不满的情绪。所以在接待前来办理退换货服务的顾客时，营业人员一定要注意态度，要礼貌与耐心，尽可能地消除他们心中的不满情绪。

1. 安抚顾客的情绪，使其平静

首先，无论顾客是出于什么原因前来要求退换货服务，营业人员都应当先道歉，安抚顾客的情绪，使其平静下来。其次，营业人员应当认真倾听顾客的诉求。先通过开放式的问题让顾客发泄情绪，例如询问顾客"您好，请问有什么可以帮您的吗？"然后才能有效了解顾客需要营业员处理的问题是什么。要对顾客的心情表示理解，稳定顾客的情绪，最好是可以请顾客坐下来慢慢谈，把顾客从单纯的负面情绪的发泄引导到对事件的详细阐述上面去，让顾客详细清晰地描述问题。

2. 充分的倾听

想要切实为消费者解决问题，充分的倾听是必要的途径。消费者发泄自身情绪或者描述自身需求时，除了单方面的信息输出外，更多地是希望从对方那里得到理解和认同。所以有时营业员也可以将这一过程理解为消费者想要得到情感满足的过程，只有让消费者的情感需求得到满足，营业员才能更好地解决问题。

3. 合理表达理解与同情

在充分倾听的基础上，营业员还需要做到及时表达自己对消费者的理解与同情。合理表达理解与同情的方法有很多种，例如在与消费者沟通时通过点头来表示同意，通过眼神示意来表示理解，通过及时的应答来表达自己对消费者意见的认真聆听。

4. 提供及时有效的服务

营业员还应该努力从倾听消费者的过程中，快速准确地找出问题的关键点、消费者真实的诉求，并及时找到可以为消费者解决问题的方式方法，为消费者提供及时有效的服务。在做出补救性措施之后，营业员还应该注意观察消费者的态度变化，确定这样的处理方法是否使消费者感到满意，并且要再次道歉，进一步安抚消费者的情绪，然后与消费者建立联系并保持这种联系，留住顾客。

5. 总结归纳，提升服务质量

除了以上这些步骤，营业员还应该有归纳总结及寻根究底的精神，不能把成功解决某一位消费者的诉求当做售后服务的完结。营业人员应当在完成每一次的售后服务后，整理和归纳消费者所反映的问题，思考如何解决或减少这些问题的发生，改善企业服务质量，提升消费者购物的愉快度与满意度，让企业和顾客之间的关系可以长久地发展下去。

三、案例：不恰当的退换服务

消费者 C 在一家手机体验店购买手机后发现手机存在质量问题：充电发热、开不了机、手机外壳有磨痕。于是 C 又回到手机店，向店员提出申请退换手机。

店员（后简称 D）：欢迎光临，请问有什么可以为您服务？

C：我要换手机，我两天前才买的，现在就开不了机，还一充电就发热！

（D 收起笑容，接过 C 手中的手机，一边来回检查，一边尝试充电。）

D：女士，你的手机外壳边缘有磨损，我们不能换！

C：（惊讶）为什么？这是你们产品的质量问题，而且划痕也是手机自带的问题。

D：（敷衍）不好意思，这个划痕确实不能证明是手机本身就有的还是后面使用过程中产生的，我们不能给你办理退换货服务。

C：（生气）这手机我才用两天，怎么可能弄出这么多划痕？我回家拆开手机包装后就发现这些划痕了，原本不想来找你们的，可是现在不仅有划痕，还开不了机，充不了电，你们必须给我个说法，必须给我换个新的、好的！

D：（不耐烦）但是我们确实没办法给你换，根据国家三包规定，手机有外壳的划伤，不能换只能修的。如果你要修的话，请把保修卡和购物凭证带来登记一下。

C：（更加生气）什么？！这个手机问题这么严重，你们竟然只修不换？！

D：（傲慢）现在电子产品就是这样规定的，购买第二天就不能退换了。

C：（压抑怒火）把你们负责人叫来，我要跟他说！

D：（不快）我们经理正忙，我跟你说是一样的，我们公司的规定就是手机售出后第二天就不能换了的。

C：（情绪激动）什么？！这是什么规定？！我要投诉你们！

D：（不屑）你去投诉呀！随便你！

消费者 C 最后怒气冲冲地离开了手机店，并很快拨打了 12315 消费者投诉举报专线，对手机店及店员进行了投诉，并且在网上大肆传播这次不愉快的经历，使得手机店及店员不仅遭到了工商管理部门的检查及处罚，还使手机品牌商家遭到了众多网友的网上攻击。

在这个案例中，营业员一步步地将事情恶化，并最终对所有利益相关者造成了极大的损害。如果这个营业员能够正确对待客户的售后申请，适当地引导客户的情绪并积极为客户提供退换货服务，那么企业和他个人都不会陷入尴尬的境地之中，所以学会如何正确地处理客户的售后申请是极其重要的。

第二节　商品保修服务

一、保修服务的基本概念

商品的保修服务也是营业员日常售后服务的一个重要组成部分，是指对售出的某些商品在规定的时间内免费修理的业务活动。消费者有时并不能清楚地认识到自己可以享受怎样的售后服务,这时候就需要营业员对消费者进行售后服务的引导,帮助他们了解哪些商品及哪些情况下,消费者是可以退换商品的,而哪些时候企业是可以提供商品保修服务或者商品维修服务的。

二、"保修"与"包修"的界定

"保修"一词在《现代汉语词典》中的解释是"工厂或商店对售出的某些商品在规定的时间内免费修理",由此可见,"保修"的含义从字面上讲是免费维修的。而在《现代汉语词典》中没有"包修"这一词,根据"包"字的含义来做相应的解释,应取"包"在《现代汉语词典》解释中的"担保,保证"之意。商品的"保修"和"包修"是消费者经常搞不清楚的概念,有些无良商家会利用消费者对保修概念认知不清楚这一点,故意将"保修"与《中华人民共和国消费者权益保护法》中三包中的"包修"区分开来,以保修要收取零件或人工等成本为由牟利。虽然《消费者权益保护法》中并没有对"保修"和"包修"两个词做出详细的解释,但从某种层面上来说,两者是不矛盾的。三包是零售企业对买方所购产品负责而采取的一定期限内的一种信用保证方法,也是消费者在消费过程中享有的合法权益。

三、保修责任认定

当为客户的商品进行保修服务时,卖方需要承担相应的保修费用和由保修引起的各项损失,不得以不正当理由逃避"三包责任"。在接受消费者提出的保修申请时,要及时向消费者进行信息反馈,帮助消费者获取有关产品质量的信息及保修进程。同时,卖方也需要认真做好故障及修理后产品质量状况的记录,保证修理后的产品能够正常使用30日以上。

当消费者在使用产品的过程中遇到以下情况,有权要求卖方承担"三包责任":
(1) 产品不具备其应当具备的使用性能,而卖方没有向买方事先进行说明时;
(2) 产品不符合明示采用的产品标准要求时;
(3) 产品不符合以产品说明、实物样品等方式表明的质量状况时;
(4) 产品经技术监督行政部门等法定部门检测不合格时;
(5) 产品修理两次仍然不能正常使用时。

如果卖方不能保证实施三包规定的,按规定将不得销售相关产品。并且销售者要保持所销售产品的质量,履行检验、调试、介绍产品维护事项及三包服务信息等义务,提供有效的票据及凭证,保证提供相应的售后服务。

四、保修期的界定

当然,就像先前所提到的,企业的保修服务是有时间限制的。依据产品的类型不同,三包规定的保修期也有所不同,具体如下。
(1) "7日"规定:产品自售出之日起7日内,发生性能故障,消费者可以选择退货、换货或修理。
(2) "15日"规定:产品自售出之日起15日内,发生性能故障,消费者可以选择换货或修理。
(3) "三包有效期"规定:"三包"有效期自开具发票之日起计算。
(4) "90日"规定和"30日"规定:在"三包"有效期内,因生产者未供应零配件,自送修之

日起超过 90 日未修好的,修理者应当在修理状况中注明,销售者凭此据免费为消费者调换同型号同规格产品。因修理者自身原因使修理超过 30 日的,由其免费为消费者调换同型号同规格产品,费用由修理者承担。

(5)"30 日"和"5 年"的规定:修理者应保证修理后的产品能够正常使用 30 日以上,生产者应保证在产品停产后 5 年内继续提供符合技术要求的零配件。

营业员在为消费者进行售后服务时,有责任和义务向消费者详细介绍商品保修的各项规定及条件,以帮助消费者获得更好的售后服务。这样做不仅是对消费者权益的一种保证,更是营业员自身专业素养的一种体现,是对企业形象的一种维护。同时,营业员也要注意,不可以故意误导消费者"保修"和"包修"的概念,这样的行为不仅有违商业活动中诚实经营的要求,也是个人道德素养缺失的表现。

第三节 商品维修服务

一、商品维修的基本概念

商品维修服务作为售后服务的一部分,大体可以分为保修期内的商品维修服务和保修期外的商品维修服务。当商品在三包范围及有效期内时,消费者有权要求卖家免费为其提供商品维修服务。这类维修服务也可以称为保修服务,卖家为消费者提供商品维修服务时,一不能向消费者收取任何形式的费用;二要确保修理后的商品能正常使用至少 30 天;三要单方面承担维修服务费用及因维修服务引起的各项损失。当商品在三包范围及时效之外时,卖方可以按照维修产品所需要的设备零件及人工成本来向消费者收取相应的费用。

二、商品维修的方式

不同类型的商品,其维修的方式也有所不同。

(一)家用电器维修

企业工作人员在为顾客进行家用电器维修时,一般采用以下九种方式。

1. 直观法

通过人眼观察或其他感觉器官去发现故障、排除故障的一种检修方法。一般分为三个步骤:首先,打开机壳前先观察外部按键、接口等是否损坏;然后将机壳打开,观察线路板、保险丝及各零部件是否有损坏,观察时可用手触摸拨动以便充分检查;再将电器通电后检查电器内部是否有异常现象,例如冒烟、异响、焦味、发热等。

2. 电阻法

利用欧姆档万用表来测试电器的集成电路、晶体管等是否存在故障。

3. 电压法

利用万用表测试电器内部电子线路或元器件之间工作电压是否存在故障,可采用直流电和交流电两种方式来进行。

4．电流法

通过检测晶体管、集成电路之间的工作电流是否正常来判断设备是否存在故障。

5．代换试验法

通过用规格相同但性能良好的元器件或电路，替代可能故障的部件来判断故障源。

6．示波器法

利用示波器跟踪观察电器的信号通路，根据波形来判断是否存在故障。

7．信号注入法

将信号逐级注入电器可能存在故障的部分，然后配合示波器等设备来检测电器是否存在故障及故障源，此法一般用于较复杂故障的检测。

8．分割法

将可能有故障的电路从总电路中分割出来，一步步测试并缩小范围并最后把故障部位孤立出来的一种检测方法。

9．短路法

利用电容笔将可能存在故障的部分暂时隔离，从而来判断电器是否存在故障。

(二) 厨房用具维修

作为零售超市常见的厨房用具，电饭煲的维修是消费者经常会面临的问题。电饭煲常见的问题有：电源保险丝熔断、煮好饭后不能保温、煮糊饭和煮夹生饭四类。保险丝熔断时可将受潮进水部位用吹风机吹干水分，或将老化部位表面碳化层用砂纸磨掉并用酒精擦干；不能保温可能是保温开关的常闭触点表面脏污或烧蚀，用砂纸将表面脏污清理后镀上一层锡即可；烧糊饭可能是常闭触点粘在了一起，要将其小心分开并进行清理；煮夹生饭一般是限温器内的永久磁环磁力减弱造成的，可更换永久磁环。

(三) 电脑等办公用品维修

打印机、复印机、一体机、台式电脑等都是办公用品中经常会面临维修服务的商品。打印机在维修时首先要检查电源线和保险管是否烧坏，其次检查是否存在卡纸、没纸或者缺墨等现象，然后还要检查打印头是否故障，再针对有问题的部分进行处理。复印机的维修与打印机有所不同，维修机器前首先要详细询问复印机的相关信息，包括使用年限、是否维修过等，如果维修过，要详细阅读维修记录，找到维修过的部件，确认是否是重复性问题。如果是第一次维修，在详细了解情况后便需要对机器进行全面检查，包括机内短路、打火故障、电源设备等，然后再进行进一步分析及维修调试。一体机既有复印机的功能，又有打印机的功能，在维修上需要更加细致的处理。既要检查电源线、纸张、保险管、墨盒等部件，也要检查内存、机内短路、打火故障等问题。台式电脑作为必备的办公用具，它对维修人员的专业性要求较高，最好委托给具备相关能力的技术人员进行维修。

(四) 汽车用品维修

在零售商店中常见的汽车用品一般为行车记录仪、坐垫、颈枕、车载香水等，但需要进行维修的通常是行车记录仪。在维修行车记录仪之前，维修人员先了解详细的问题信息，例如，是总自动开机还是死机或开不了机、是录出来的影像模糊还是无法录像、是黑屏还是关机。维修人员需要针对不同问题给出不同的处理方式。总自动开机可能是因为使用者在无意中打开了停车监控功能，停车监控功能会在关机但遇到震动后自动开启记录模式。死机、开不了机、黑屏、关机或者无法录像，通常是因为使用了低速内存卡或内存卡已满，建议更换十倍速的内存卡或者格式化内存卡。录像模糊多半是因为行车记录仪的镜头或车辆的前挡风玻璃不干净，将镜头或玻璃清洁后便会恢复正常。如果是因为在录像过程中放大了尺寸引起的画面模糊，将尺寸缩小便可。

（五）眼镜钟表维修

相对于钟表的维修，眼镜的维修相对简单一些。一般情况下，眼镜的维修分为镜架镜框的维修和镜片的维修。镜框镜架的维修较为简单，通常在更换螺丝、拉丝、鼻托、镜架后，问题便可以得到解决。如果是因为长期的佩戴、擦洗、携带和放置方式不当而造成的镜片的磨损，那么基本只有更换镜片才能解决问题，而镜片的更换需要到专业的眼镜店才能进行。钟表的维修相对复杂一些，因为钟表的内部结构十分精细，没有相关的设备器材便无法维修，而且维修时间普遍较长。所以，一般钟表的维修服务都是建议去专门的钟表维修店铺及公司，而不是由卖方或者一线营业人员进行，不当的维修操作不仅不能解决问题，还可能对钟表造成严重的损坏。

（六）手机等数码产品维修

消费者在使用手机等数码产品时，总是不可避免地会遇到各种问题。但由于这些电子设备的技术性较强，一般情况下营业人员都无法为消费者提供手机等数码产品的维修服务。这时候，营业人员可以通过两种途径来帮助消费者解决问题：首先，如果商品从未维修过，且在三包期内，那么营业人员需指导消费者填写三包卡后，代其将故障商品交由商品的生厂商进行维修。卖方在这个过程中只是起一个连接沟通作用，并不直接参与维修，所以也不能收取额外的服务费用。其次，如果是已经维修过，或者超出三包期的商品，卖方可以与专业从事手机数码产品维修工作的公司合作，为消费者提供商品维修服务。在这个环节中，卖方参与进了商品的维修服务中，所以可以按照规定，适当地向消费者收取一定的费用。

第四节 客户维护服务

一、客户维护的基本概念

（一）狭义的客户维护

从狭义角度来说，客户维护可以理解为企业方通过各种售后服务，包括退换货、维修、保修等服务来维持已经建立的客户关系，促使顾客不断对其提供的产品或服务进行消费的过程。但是这些行为在很大程度上只是单纯的消费行为，还没有达到与企业间建立信任关系的程度。

(二) 广义的客户维护

从广义角度来说,客户维护是客户关系管理的一部分,它不仅能帮助企业维持已有的客户群、保证企业利润的稳定,还能帮助企业吸引更多新顾客、为企业创造更多的价值。客户关系的维护不仅包含基础的售后服务,还包括客户信息的管理、客户的分级、客户的沟通、客户的满意以及客户的忠诚等部分。

二、客户维护的重要性

企业需要明白,在进行客户维护时,不仅需要维护直接客户的利益,更需要维护间接客户,也就是普通消费者的利益。只有让普通消费者对商品及服务感到满意,企业的利润源泉才能得到保证。企业在进行客户维护时,除了基础的售后服务(退换货、维修、保修),更应该注重其他环节的投入与执行,例如客户信息、客户分级、客户沟通、客户满意以及客户忠诚。接下来具体从这几个方面来说明客户维护的重要性。

(一) 客户信息的重要性

1. 客户信息是企业决策的基础

如果企业想要维护好不容易与客户建立起来的关系,就必须充分掌握客户的信息,要像了解自己的产品或服务那样了解自己的客户信息,像了解库存变化一样了解客户的变化。市场总是瞬息万变的,如果不能及时、全面、精准地掌握客户的动向,甚至预测客户的行为趋势,企业将很快失去已有的甚至潜在的客户,从而导致企业在市场中失去应有的竞争力。例如,亚马逊虽然是网络上最早开始经营电子商务的公司之一,但由于其未能准确了解及掌握中国消费者的网络购物行为习惯及消费心理,导致亚马逊在中国市场的份额逐年缩减,从2015年的20%锐减至现在的不到0.6%,使亚马逊公司最终不得不于2019年7月18日之后停止为亚马逊中国网站上的第三方卖家提供卖家服务,狼狈败走。

2. 客户信息是客户分级的前提

企业只有在充分了解自身客户的情况下,才能知道自己拥有哪些客户,才能知道这些客户分别有多少价值,才能准确识别优质客户与劣质客户,才能将客户分类。企业的资源是有限的,不可能将所有资源平均分配到每一位客户身上,必须要将资源集中分配到更具有价值及潜力的客户身上,才能为企业创造更多的价值。例如,快递公司会根据客户收发快递的数量及频次来判定其客户的重要性,并针对那些有较大快递收发量和较高收发频次的客户提供专门的产品及服务,如不同的计价方式等。

3. 客户信息是客户沟通的依据

随着市场竞争激烈程度的日益加剧,大众化的营销、广告或者服务都不能实现对客户的针对性沟通,甚至还会因为向客户提供的信息过于宽泛而使客户对企业的定位感到模糊而失去好感,最后失去客户。企业需要拥有准确、完整的客户信息,才能做到有效了解客户、接近客户、说服客户,进行高效的客户沟通。例如,当消费者在经常光顾的美容院消费时,美容院的店员往往会根据为其建立的皮肤档案来向消费者说明其肤质状况,并推荐相应的服务和产品。而这种有理有据式的沟通,往往很容易就说服消费者进行进一步的消费。

4. 客户信息是客户满意的切入点

在企业经营活动中，企业要满足消费者的需求、偏好及期待，就必须准确掌握其需求特征、消费习惯、消费心理信息，再依照所得信息制订和调整营销策略，达到使客户满意的目的。例如，肯德基为了保持其在中国市场的竞争优势，就在对中国消费者的信息进行分析研究后，开发和销售了许多独具中国特色的食品：为爱吃麻辣的消费者提供的藤椒鸡腿堡，为习惯中式早餐的消费者提供的皮蛋瘦肉粥、豆浆及油条等。

5. 案例示范：安利公司的客户信息管理

安利（中国）日用品有限公司是一家大型美资生产企业，于1992年注册成立，1995年开始营运，投资总额2.2亿美元，总部设在广州，生意遍布全国。此外，安利（中国）还在广州及上海分别设有研究发展中心，生产销售各类保健食品、美容化妆品、个人护理用品及家居护理用品等四大类160多款产品，致力于为其消费者提供全面且优质的产品。作为直销模式的典范，安利坚持贯彻一对一的直销模式，它不仅要求自己的员工详细了解客户的各项信息，包括姓名、性别、出生年月、家庭住址、联系方式、个人爱好、家庭情况、生活状况、职业及薪资等，还要求员工要在全面详细地了解顾客的基础上，进一步挖掘客户的需求，激发顾客的潜在消费能力。并且，安利还十分擅长从一个客户延伸到其周围的亲朋好友，深化其与客户之间的联系，延长其销售线。安利在收集客户信息时通常通过直销人员、老客户转介绍和安利自身的直销网进行，这样的方式不仅提高了安利收集客户信息的效率，也提高了其收集到的客户信息的真实性。牢牢地掌握现有顾客和潜在顾客的各项信息，俨然已经成为安利保持优秀业绩的来源。

（二）客户分级的重要性

1. 不同客户带来的价值不同

虽然对企业而言，每一位客户都具有其独特的价值，但由于购买力、服务成本、消费行为等方面的差异，每个客户能给企业带来的收益是不同的，有的客户对企业而言就是比另一些客户更有价值。例如，同样是在便利店消费的大学生，有的大学生只会在便利店购买早餐，有的则更倾向于购买零食小吃，还有的一日三餐都在便利店解决，或者有的大学生每天固定都会去便利店消费，有的隔三差五才会消费一次等等，这些消费者看似一样，都是大学生，但是其能为便利店带来的价值是不一样的。美国学者雷奇汉曾经发表研究，称企业从10%最重要客户那里获得的利润是企业从10%最次要客户那里获得的利润的5~10倍，甚至更多。由此可见，不同的客户能为企业带来的价值是不同的，企业需要对其进行分级，才能有效地从其客户那里获利。

2. 企业资源有限，不可能进行平均分配

任何企业的资源都不是可以无限使用的，资源的累积与合理分配决定着企业是否能够长远发展。在进行资源分配时，企业如果一味追求"平等"，将资源平均分配到具有不同价值的客户上去，不仅不经济，也极易引起更具有价值的客户的不满。小客户（能为企业带来的价值较小的客户）享受小客户的待遇，他们并不会觉得有太大的问题，如果能享受到大客户的待遇，那就再好不过。但是大客户（能为企业带来较大价值的客户）呢？让大客户也享受跟小客户一样的待遇，他们会愿意吗？人人都想被他人尊重，都想要得到更好的待遇，或者至少应该给他们与他们相匹配的产品和服务。如果一个每天辛勤工作的员工和一个每天偷懒的员工获得的薪资是一样的，那么辛勤工作的员工会怎样呢？他会抱怨、不满、愤恨不平，

甚至最后做出一些偏激的事情。对于企业的客户也是一样,如果不能让大客户感到自己被格外尊重与照顾,他们轻则抱怨,重则不满,甚至放弃与现在企业的业务而转投其他企业。所以企业一定要注意对客户的区别对待,这种区别对待不是歧视,恰恰相反,这是一种尊重每个客户价值的表现。

3. 客户分级是客户沟通、客户满意的基础

有效的客户沟通应当是根据客户的不同价值而采取不同的沟通策略,因此,客户的分级是客户沟通的基础。例如,面对一些小客户,突出企业能为他们带去的实际价值,如优惠的价格、优质的产品等,比向他们宣传企业的品牌价值更具有说服力,因为小客户往往更加注重眼前的利益,更加追求实际的收获。而面对那些跟企业长期合作的大客户,企业需要从品牌的价值、形象、精神等层面与其沟通,让他们将自己的价值观与企业的价值观捆绑在一起,只有这样,才能更有效地与他们进行沟通。此外,向客户提供他们真正需要的商品或服务,比一味向他们提供好商品或服务更容易使他们感到满意。就像消费者平时的消费活动一样,绝大多数消费者都是秉承着"买得贵不如买得对"的消费理念。企业在明确进行客户分级后,才能向客户提供对的商品或服务,从而使客户感到满意。

(三)客户沟通的重要性

1. 客户沟通是实现客户满意的前提

就如前文所述,企业必须向客户提供对的商品或服务,才能使客户感到满意,那么要向客户提供对的产品或服务,就必须了解客户内心的真实诉求。例如,很多追求时尚的年轻女孩不用奢侈品,并不是她们不想用或者不喜欢大牌的设计,而是她们目前的经济状况并不足以支撑她们对奢侈品的购买和使用。如果这时候出现一个款式造型与奢侈品牌产品相似,但价格只有奢侈品价格的十分之一甚至几十分之一的产品,大多数年轻女孩都会选择购买这些产品,因为她们只需要花很少的钱就能得到心中的理想商品。这么好的事情,何乐而不为呢?满足客户内心的真实需求,就是市场上为何有那么多一般品牌取得商业成功的关键。而它们之所以能挖掘到客户内心真实的想法与需求,是因为它们与目标客户进行了长久且全面的研究与沟通,才最终得出了一套切实可行的市场营销方案,既赢得了客户的满意,又保证了企业的盈利。

2. 客户沟通是维护客户关系的基础工作

企业通过与客户的沟通,才能使客户对企业的产品、服务或者理念有更多的了解。客户对企业的了解越多,就越愿意对企业的产品或服务进行更多的尝试和购买。而企业也可以通过沟通,向客户灌输彼此长久合作的意义,激发客户与企业长久合作的意愿,从而稳定客户,从客户那里得到源源不断的销售利润。如果企业完全不在乎或者对客户沟通的重视度不够,就会造成双方信息交换的不畅通,不仅影响企业策略的及时调整,也会影响到企业与客户之间的关系,造成已有客户的不满或流失,所以客户沟通是维护客户关系的基础。

(四)客户满意的重要性

1. 客户满意是企业长远发展的基石

企业的长远发展离不开客户的鼎力支持,而客户之所以愿意支持企业,是因为客户从企业那里得到了满足。此外,美国汽车业的调查研究表明:一个对企业感到满意的客户,他能够为企业带来8笔潜在的生意,而其中至少会有一笔成交。但是如果一个客户对一家企业

感到不满意,那么他可能会影响他身边 25 个潜在客户,使他们对企业抱有同样的态度,从而不在这家企业进行消费活动,使企业丧失巨大的利润。所以说,客户的满意是企业长远发展的基石,企业想要取得长远的发展,离不开客户对企业的满意。

2. 客户满意是企业在市场竞争中脱颖而出的关键

随着市场竞争的加剧,单纯想要以产品或服务本身的品质取得市场竞争中的胜利变得越发困难。因为好的产品或服务,当它取得成功后,市场上便会快速出现许多模仿者,使企业好不容易建立起来的优势削弱甚至失去。这时候,客户满意对企业的重要性便显得更加突出。当客户对企业感到满意时,他不会轻易改变自己已有的消费行为,这就确保了企业的稳定盈利。并且,这些对企业感到满意的客户还会利用他们的"口碑效应",为企业源源不断地吸引新的客户,保证企业在市场中牢牢占据优势。

3. 客户满意是客户忠诚的前提

对企业而言,一个忠诚的客户,其价值远远大于一个普通的客户。那么客户在什么情况下才会对企业保持忠诚呢?最简单有效的做法就是让客户一直感到满意,因为没有一个客户会在对企业不满意的情况下不断地消费。对企业满意的客户,他会在一次又一次的消费过程中一遍又一遍地提升对企业的好感度,当客户对企业的好感度达到一定程度时,他就会成为企业的忠实客户。而企业的忠实客户,相比于维护自身的利益,他们在很多时候更加注重维护企业的形象及相关利益,这对企业的发展而言是极为重要而有利的。

(五)客户忠诚的重要性

1. 客户忠诚更能确保企业的长久收益

对企业满意的客户有时并不是对企业忠诚的客户,就像很多人觉得 IOS 的系统好用,但却不一定会购买或者反复购买苹果手机一样。消费者在进行消费活动时,往往会考虑很多因素,所以企业如果只是让客户满意而不是让客户忠诚,那么企业就没有办法拥有稳定的客户群,因为消费者也会对其他企业感到满意,去其他企业购买产品或服务。只有拥有足够多的忠诚客户,企业才能拥有长期稳定的利润来源,因为只有忠诚的客户才会摒弃外界的干扰因素,持续地购买其所信任的企业的产品或服务,为企业带来持续的收益。

2. 客户忠诚能够帮助企业获得更多的收益

忠诚客户通常是对企业十分偏爱和信任的一类客户,这类客户会因为对企业的偏爱和信任而不断地购买企业的产品和服务,还会在其重复购买的过程中不自觉地增加对产品或服务的购买量或者购买频次。此外,当企业推出新的产品或服务时,忠诚客户会更愿意做出新的尝试,购买企业的新产品,为企业新品提供销量保证,为企业增添新的利润增长点。例如,当苹果公司推出无线耳机时,许多消费者都质疑这款耳机是个鸡肋产品,价格昂贵且容易遗失,导致苹果公司不得不专门为它的这款无线耳机拍摄了一则广告,以此向消费者展示此款耳机紧贴人体结构、不易遗失的特点。但即使是苹果无线耳机遭遇广大消费者质疑的时候,苹果公司的忠实客户们仍然选择了第一时间购买此款新品。由此可见,忠诚的客户是企业获得溢价收益的关键。

3. 客户忠诚节省企业的各项成本

企业拥有忠诚客户,不仅可以给企业提供长久的利润和溢价收益,更可以为企业降低各项成本,例如客户开发成本、交易成本和服务成本等。由于市场竞争的日趋激烈,如何吸引更多客户前来消费成了企业不得不重视的问题,企业必须花费较多的成本,例如金钱成本,如广告宣传费、线下推广费、产品试用费,还有时间成本与精力成本等,才能争取到一些新客户。但是随着经济的发展,这些成本变得越发高昂,特别是广告推广与人员推广的成本,这种情况直接导致了企业经营成本的增加及净利润的减少。这时候,忠实客户的重要性再一次体现了出来。当消费者在进行消费活动时,没有一个消费者会完全信任企业所提供的信息,他们的心中总是抱有一定的怀疑,但如果这时他们的身边有企业的忠诚客户,而这些客户又不断向他们宣传和证实企业产品或服务的优质,那么他们将会更容易迈出尝试的脚步,成为企业的新客户。因为这些忠诚客户是他们身边的人,彼此之间没有利益的往来,并且有一定的相互了解和信任,所以这些忠诚客户提供的信息对他们而言更加可信。这从某种角度上来说,大大减少了企业开发和经营新客户的成本。

4．降低企业的经营风险

曾有研究指出,如果企业不采取有效的措施,那么它每年都将会失去 10%～30% 的客户。而客户的流失毫无疑问地将会对企业利益带来损害,使企业无法保证稳定的盈利,从而增加企业的经营风险。但是,如果企业可以不断发展出忠诚于它的客户,那么对企业而言,一方面可以减少客户的流失量,另一方面可以获得更多有利于企业发展的信息,因为忠诚客户通常是愿意与企业共同成长的客户,他们愿意及时地向企业反馈,为企业提高产品或服务质量、完善服务体系提出有建设性的意见,从而使企业能够更准确地了解客户的需求,做出正确的决策,降低经营风险。

5．帮助企业获得良好的口碑

忠诚客户是企业及其产品或服务的主动宣传者和倡导者,他们往往会自发自愿地将企业的产品或服务介绍给他们身边的人,鼓励他们身边的人对企业的产品或服务进行尝试或购买。因为忠诚客户往往对企业抱有极大的好感与偏爱,而人们对内心的喜悦是非常愿意与他人分享的,就像一个在菜场买到超级新鲜而且价格便宜蔬菜的阿姨,她会不自觉地去跟他人分享自己的好运和快乐,告诉对方她在哪里买到了多么优质的产品。这种行为在某种程度上与忠诚客户的行为是一致的,都是能够为企业树立良好口碑、使消费者在进行消费活动之前就对企业抱有好感的行为。

6．帮助企业壮大客户群

企业想要说服消费者往往是困难的,因为消费者总是担心企业会从自己身上赚取过多的利益,从而令自己的利益受损。就像很多服装商店明明在进行换季打折了,新的价格已经比曾经的价格便宜了许多,但是仍然会有消费者认为打折后的价格依旧过高,产品并不值这个价,然后拒绝在这家服装店消费。所以很多时候,企业想要壮大自己的客户群是很难的,因为消费者总担心自己会吃亏而不做出新的尝试。但这时候,如果他们认识企业的忠诚客户,特别是当这个忠诚客户是他们生活圈中的意见领袖时,他们就更容易对企业的产品或服务进行尝试,从而成为企业的新客户,并不是因为他们信任企业,而是因为他们信任他们身边的人、信任他们的意见领袖。所以,忠诚客户在帮助企业壮大客户群上也是十分重要的。

7．为企业的发展带来良性循环

随着企业与其忠诚客户之间关系的不断发展和加深,忠诚客户可以为企业带来的效益也会逐渐提高。企业获利不断增加,为其向客户提供更好的产品或服务打下了物质基础,而更优质的产品或服务便会令它的客户感到更加满意,然后更容易转化为企业的忠诚客户,从

而为企业带来一个良性循环。美国贝恩策略顾问公司曾进行过一项长达十年的"忠诚实践项目"的调查,在这项调查中,他们发现忠诚客户是企业持续发展和经营成功的基础及重要动力。例如,海底捞公司的成功就是通过不断为客户提供优质甚至额外的产品和服务来获得客户的满意,并不断加深这种满意,使越来越多的客户转化为忠诚客户。这些忠诚客户在海底捞的持续性消费,为海底捞提供了源源不断的利润,让海底捞能够有资金支持它不断完善其向客户提供的产品和服务,令海底捞从最初只能通过送些水果来愉悦消费者,演变为可以为客户提供各项服务,如美甲、陪吃等,并牢牢占据火锅界服务最优的地位,从而吸引了更多的消费者前来感受它的产品及服务。

三、客户维护的方法

营业员在实践工作中不可避免地会遇到不同类型的顾客,每个类型的顾客都有其独特的性格特征和行为模式,如果对待所有顾客都采用完全一样的态度和策略,很多时候不仅不能有效地维护客户关系,甚至有可能对一些客户造成极大的困扰,打击客户的积极性,降低客户的满意度,使企业最终失去这些客户。同样的,针对不同类型的产品和服务,营业员如果也采用千篇一律的方法去处理由产品或服务引起的问题,那么也可能适得其反,不仅不能为顾客解决问题并维护客户关系,还有可能使顾客对企业的产品或服务甚至企业本身产生负面情绪,影响顾客对企业的满意度及忠诚度,使产品或服务滞销,使企业失去曾经为企业带来诸多价值且有可能持续创造价值的客户。此外,不同的消费者能够为企业创造的价值也有所不同,针对不同价值的消费者,营业员在进行客户维护时也应该采取不同的策略。具体的维护方法如下:

(一)从消费者类型区分

1. 理智型消费者

理智型消费者在消费活动中往往喜欢先进行周密的思考,用理智的态度去权衡产品或服务的各种利弊。这类消费者相比于其他类型的消费者而言,通常需要花费更多的时间才能最终做出消费决定,而在购买到无法令其满意的产品或服务时,他们更偏向于使用"摆事实讲道理"的维权方式。面对这类消费者时,营业员应该做到不卑不亢、按部就班,坦诚心细地为其提供服务,将相关的产品及服务细则解释给他们,运用自身对企业产品和服务的深刻了解及专业知识使消费者产生信服感。

2. 冲动型消费者

冲动型消费者在进行消费活动时,情绪反应比较强烈,容易受到店内气氛、商品陈列、商品广告及营业员态度的影响。对于这类消费者,营业员应该注意礼貌、面带微笑,不急不躁地为其提供服务,着重强调产品或服务的特色和实惠之处。

3. 顽固型消费者

顽固型消费者有一套自己的消费主张及行为模式,并且坚定地认为自己的观念是正确的。在为这类消费者提供服务时应注意不要试图在短时间内改变他们的行为习惯及观点,要善于利用权威性资料数据来使消费者自己自发主动地去改变观点。

4. 好斗型消费者

好斗型消费者在与人沟通的过程中往往喜欢不断地打断他人的话语、反驳他人的观点,令他人产生敌对情绪。在面对这类消费者的时候,营业员应该注意方式方法,切莫激发他们的好斗性,应该克制自我抵触情绪,以柔克刚,采取迂回的策略。

5. 优柔寡断型消费者

优柔寡断型消费者在进行消费的过程中总是犹豫不决,反反复复也无法做出决定。在为这类消费者提供售后服务时,营业员应该让消费者感到诚恳、忠实、主动和热情,在服务时要表现出坚决、自信的态度,主动为消费者提供问题解决方案并引导消费者做出相应决定。

6. 敏感型消费者

敏感型消费者往往对商品价格十分敏感,当他们认为自己在消费活动中"吃亏"时就会进行各种维权行为,包括要求退还差价、更换商品、进行额外的补偿等。面对这类消费者,营业员应该做到不轻易答应消费者的诉求,以免使消费者进一步加深自己"吃亏"了以及企业确实理亏的不良想法。而是应该摆事实、讲道理,将相关的条款及细则对其进行说明及解释,并且适当安抚。

7. 盛气凌人型消费者

盛气凌人型消费者在产品售后环节,往往态度强硬,对自己所提出的诉求毫不退让且不愿与普通员工进行接触,而是更倾向于与管理者进行沟通。面对这类消费者时,营业人员应该做到不卑不亢、有礼貌、低姿态,不轻易被消费者的气势压倒。

8. 生性多疑型消费者

生性多疑型消费者通常对企业提供的产品及服务保持怀疑态度,并不能真正相信自己所得到的产品和服务是物有所值的,甚至在得到额外的优惠时会条件反射性地认为企业是因为产品或服务不够优质才提供额外的优惠。针对这类消费者,营业人员在进行售后服务时应该注意展示出自信、端庄、严肃的姿态,并且不要轻易在价格上做出让步。

9. 沉默寡言型消费者

这类消费者通常具有不爱说话、动作反应缓慢、面部表情变化不明显、不善与人交流等特点。营业人员在为这类消费者提供售后服务时应该做到主动热情,让消费者感到亲切,并且耐心为其解答各项疑惑,提供力所能及的帮助。

10. 斤斤计较型消费者

斤斤计较型顾客通常心思细腻、锱铢必较,容易因为一些细枝末节的事情而喋喋不休。面对这类消费者时,营业员应着重强调产品的优惠和好处,适当抬高价格,赠予小礼品,使其产生"并没有吃亏,反而赚了"的想法。

11. 跟风型消费者

跟风型消费者是目前较为常见的消费者类型之一,这类消费者很多时候其自身利益并没有真正受损,只是盲目地跟着其他消费者维权。营业员在处理跟风型消费者的问题时,应该注意客观理性地分析产品和服务的利弊,并适当给予其压力,让他们意识到盲目跟风将面临的损失及不便。

12. 无理取闹型消费者

无理取闹型消费者是比较令营业员头疼的一类消费者。这类消费者为了达到其目的往往喜欢煽动其他不知详情的消费者或者伪装弱势群体形象,以达到利用舆论迫使企业做出让步的目的。针对这一类消费者,营业员应该善于拿起法律武器来维护自身及企业的权益,而不是一味退让。

(二)从消费者可以为企业创造的价值区分

每个客户都有不同的需求,需求的个性化决定了不同客户购买产品的不同,而企业资源是有限的,不可能什么产品或服务都做。同时,不是所有的客户都能为企业带来收益,因为客户之间是存在差异,有优劣之分的,麻烦的客户有时甚至会给企业带来负面影响,所以客户的质量的重要性远高于客户的数量。此外,选择正确的客户是成功开发客户、实现客户价值及客户忠诚的前提,选错客户不仅会增加企业建立客户关系的成本,更会使企业在竞争中处于劣势地位。并且,不注意进行客户选择,对所有客户都提供无差别的产品或服务很可能会造成企业定位的模糊,因为各客户之间的需求存在差异,企业如果无法在消费者心中建立独特的企业定位,那么极有可能导致客户对企业印象产生混乱并由此影响企业的最终利益。所以企业在进行客户维护时,首先应该对客户进行区分,再根据其不同特点来提供有针对性的产品或服务。企业的客户大体可以分为好客户与劣质客户,以及大客户和小客户。

1. 好客户

好客户首先是能给企业带来盈利的一部分客户,这一部分客户购买欲望强烈、购买力强;对价格的敏感度较低,付款及时,有良好的信誉;服务成本较低;经营风险小,有良好的发展前景;愿意与企业建立长期的伙伴关系。在为这类客户提供产品或服务时,应该注意加强对他们的重视度及针对性。集中优势资源为其提供产品和服务,切实站在客户立场思考问题、预测客户的需求,把服务想到他们前面,加大对他们的服务力度和优惠力度,使顾客更能够紧密地与企业联系在一起。此外,还应该为他们提供长期固定的服务,通过沟通和感情交流,密切双方的关系。例如,可有计划地拜访这些客户,经常性地征求他们的意见,及时有效地处理客户的各种意见,充分利用多种手段与其沟通。例如,开通免费投诉热线、24小时投诉热线或者网上投诉;设置意见箱、建议箱、意见卡(表)及电子邮箱;建立有利于客户与企业沟通的各项制度等。通过向客户表明诚意、站在客户的立场上与客户沟通、关注客户的利益,才能更好地建立并维护与这类客户的良好关系。

2. 劣质客户

劣质客户普遍服务成本较高,对价格十分敏感,斤斤计较,购买力较弱且不常进行购买行为,流动性较强,经常更换消费地点。针对这类客户,营业人员在为其提供产品或服务时应该注意严格按规定行事,不可使这类消费者产生自己被区别对待、被忽视的不好印象。

3. 大客户

这里必须要注意的是,大客户不等于好客户。虽然大客户的购买量及交易金额大,但由于其财务风险、利润风险、管理风险、流失风险以及竞争风险也较大,所以这类客户可能并不能真正为企业创造价值,只有在双方实力和规模相当的情况下,才能互相制衡、合作共赢。在为这类客户进行服务时,首先应当注意对其各项因素的考察,例如客户的口碑价值、信息价值、为客户提供产品或服务所需要耗费的总成本、可能会带来的风险有哪些等,不要被大额的交易量所迷惑而做出冲动的决定。确定各方面因素都较为匹配后,方可尽量为其提供一条龙服务、扩充相关产品及服务、制定周密可行的升级计划,加强彼此间的联系,防止竞争对手挖角。

4. 小客户

同样的,小客户也并不就是劣质客户。这一部分客户的单次购买量可能较小,但是他们可能具有很大的潜力。针对有潜力的小客户,要努力培养其成为企业的好客户,例如为他们提供超越其期待的产品或服务、及时有效地处理他们的意见及建议、重视与他们的每一次接触等,使这些客户感到被尊重,以便在他们心中树立良好的印象,使他们不自觉地增加消费频次及金额。针对没有升级潜力的小客户,可以通过适当提高服务价格的方法来降低服务成本,以确保企业的正常盈利。

(三) 从消费者的年龄层次区分

零售业作为一个面向全类型消费者的行业,它的客户不仅限于某一特定群体,它所售卖的产品也不仅限于某一类产品。零售商店的类型也十分多样,例如,百货商店、专业商店、超级市场、便利店、折扣店、仓储店等。但是,无论是哪一种零售商店类型,它所服务的消费者,都可以分为未成年人、成年人和老年人三类,这三类消费者在消费行为当中具有各自鲜明的特点。营业员要充分了解这三个不同年龄层的消费者各自的特点,才能有针对性地为消费者提供适当的产品或服务,维护好这些顾客。

1. 未成年人

现在选择在便利店进行消费活动的消费者中,未成年人所占的比例逐渐升高,俨然成为了便利店的第二大客户群。未成年消费者的消费特点明显,他们感性、追求个性、注重感觉、易冲动购物,在心理上还不够成熟,行为的可塑性很强,比较容易受到外部因素的影响。在便利店购物时,他们往往容易被摆在显眼处的商品所吸引,如果这个商品又正好具有个性或者设计感,那么,未成年消费者很容易便会产生尝试性购买行为。但是同样的,如果他们在便利店无法找到贴合他们心意的商品,或者在便利店消费的过程中感到不自在,那么他们可能很难会再次光顾。在面对这类消费者的时候,营业员应该格外注意他们的内心感受和情绪波动,要使他们感到舒服自在,不过度热情地指导他们购物,还要尽可能地告诉他们一些新鲜好玩的信息,例如,有什么与动漫或游戏合作的限定品即将推出、有什么精致礼品他们可以进行换购或兑换等,以激发他们的兴趣,确保这类消费者的持续购买。

2. 成年人

相对于未成年消费者,成年消费者的心理已经比较成熟,有自己的一套消费心理及行为模式,不那么容易受到外界的影响而产生计划之外的消费。除此之外,由于他们的消费经历的增多,他们会有更多的个人主见和固定购买的商品或服务。在服务这类消费者时,营业员应该注意尊重他们的意见,不要强硬地指出他们的错误或指责他们观点的不对之处,否则只会加深彼此之间的矛盾。营业员应该更多地利用社会共同认可的标准及公司的明文规定来向他们说明哪些商品或服务是可以向他们提供的,而哪些是不属于规定范畴内的,以取得他们的理解和认可。同时,即使是拒绝消费者时,也应该保持委婉的态度。

3. 老年人

随着便利店能为消费者提供的产品及服务类型的增多,例如各类生活费用的代缴等,越来越多的老年消费者也开始选择到便利店购物。但是由于他们社会阅历丰富,在消费时比较仔细、精打细算,会对商品的质量、价格、用途等信息做详细的了解后再决定是否购买,不会像年轻人那样冲动消费。因此,在面对这类消费者时,营业员应该注意强调产品本身的优势信息及价格优势,而不是强硬地进行产品推销介绍。此外,因为老年人本身身体素质的原因,他们在进行消费活动时可能会面对一些因身体素质下降而带来的问题,例如,无法拿到货架底端或顶部的商品、拿错原计划购买的商品、不小心被货架绊倒等。所以,营业员也要注意老年消费者的行为动向,适时为他们提供必要的帮助,代他们拿取不易拿取的商品等。同时,营业员还要格外注意店内的货品摆放及干净整洁,不要在店里留下安全隐患。下雨天要及时拖地,保持店内地面的干爽,防止消费者滑倒;在易滑倒或碰撞的地方,放置相关的提示牌,让消费者提前注意;不把包装箱等容易绊倒消费者的障碍物摆放在会有顾客经过的地方;当消费者无意间受伤时,应第一时间采取应急措施:询问顾客情况、拨打应急电话、及时上报情况、协助后续处理等。

延伸阅读

屈臣氏如何通过研究客户获得成功

屈臣氏是全球最大的保健品及美容产品零售商和香水及化妆品零售商之一。2006年6月6日,屈臣氏中国广州花都新店开张。至此,屈臣氏在亚洲的门店总数达到了1 400家,在中国内地的门店总数突破了200家。准确的消费细分和目标市场选择是屈臣氏取得成功的关键因素之一。自1989年屈臣氏进入内地市场以来,直到1997年间,屈臣氏发展不尽如人意。经过多年的敏锐观察和市场动向的分析,屈臣氏最终发现,在日益同质化竞争的零售行业,如何锁定目标客户群是至关重要的。

屈臣氏在市场调研中发现,亚洲女性会用更多的时间逛街购物,她们愿意投入大量时间去寻找更便宜或是更好的产品。这与西方国家的消费习惯明显不同。中国内地的女性平均在每个店里逗留的时间是20分钟,而在欧洲只有5分钟左右。这种差异,让屈臣氏最终将中国内地的主要目标市场锁定在18～40岁的女性,特别是18～35岁,月收入在2 500元人民币以上的时尚女性。

屈臣氏认为这个年龄段的女性消费者是最富有挑战精神的。她们喜欢用最好的产品,寻求新奇体验,追求时尚,愿意在朋友面前展示自我。她们更愿意用金钱为自己带来大的变化,愿意进行各种新的尝试。而之所以更关注40岁以下的消费者,是因为年龄更长一些的女性大多早已经有了自己固定的品牌和生活方式了。针对这一目标市场的选择,屈臣氏的市场定位为"个人护理专家",以低价作为吸引点,围绕"健康、美态、快乐"三大理念,通过为消费者提供别出心裁的产品、优雅的购物环境和专业的资讯等服务来传达积极美好的生活理念,旨在协助热爱生活、注重品质的人们塑造自己内在美与外在美的统一。

此外,为了方便顾客,以女性为目标客户的屈臣氏将货架的高度从1.65米降低到1.40米,并且主销产品在货架的陈列高度一般为1.3～1.5米,以方便女性顾客进行商品的浏览及拿取。在商品的陈列方面,屈臣氏注重其内在的联系和逻辑性,按化妆品—护肤品—美容用品—护发用品—时尚用品—药品—饰品化妆工具—女性日用品的分类顺序摆放,并且在不同的分类区域会推出不同的新产品和促销产品,让顾客在店内不时会有新发现,从而持续激发顾客的兴趣。

同时,屈臣氏还在店内陈列各种个人护理资料手册,免费提供皮肤护理咨询;药品柜台的"健康知己"资料展架提供各种保健营养知识和疾病预防治疗方法;积极推行电脑化计划,采用先进的零售业管理系统,提高了订货与发货的效率。这些措施表明屈臣氏关心的不仅仅是商品的销售,更注重对顾客体贴细致的关怀,充分展现了其"个人护理"的特色服务,并最终促成了屈臣氏的成功。

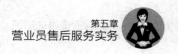
第五章 营业员售后服务实务

重要概念

保修　三包　退换货　商品维修　客户维护　劣质客户　售后服务

一、单选题

1. 三包服务包括:包退、包修和(　　)。
   A. 包换　　　　　　B. 包质　　　　　　C. 包量　　　　　　D. 包赔
2. 商品维修服务分为保修期内的免费维修和(　　)。
   A. 保修期内的收费维修　　　　　　　　B. 保修期外的免费维修
   C. 保修期外的收费维修　　　　　　　　D. 个人维修
3. 营业员为消费者办理退换货服务时,需要消费者填写(　　)。
   A. 保修卡　　　　　B. 退换货单　　　　C. 申请表　　　　　D. 承诺书
4. 产品自售出之日起(　　)日内,发生性能故障,消费者可以选择退货、换货或修理。
   A. 7　　　　　　　B. 15　　　　　　　C. 30　　　　　　　D. 90
5. 为理智型消费者服务时,营业员要(　　)。
   A. 坦诚心细　　　　B. 不急不躁　　　　C. 热情劝说　　　　D. 以柔克刚
6. 为冲动型消费者服务时,营业员要(　　)。
   A. 不急不躁　　　　B. 以柔克刚　　　　C. 坦诚心细　　　　D. 按部就班
7. 为敏感型消费者服务时,营业员要(　　)。
   A. 大胆热情　　　　B. 不急不躁　　　　C. 以柔克刚　　　　D. 摆事实,讲道理
8. 为未成年消费者服务时,营业员要(　　)。
   A. 指导消费　　　　B. 不理不睬　　　　C. 保持自然　　　　D. 刻意接近
9. 为老年消费者服务时,营业员要(　　)。
   A. 适时帮助　　　　B. 不理不睬　　　　C. 指导消费　　　　D. 强烈推销
10. 营业员售后服务实务包括商品退换、商品保修、商品维修和(　　)。
    A. 关系建立　　　　B. 客户维护　　　　C. 客户筛选　　　　D. 客户了解

二、判断题

1. 大客户一定是好客户。　　　　　　　　　　　　　　　　　　　　　　　(　　)
2. 客户要求退换商品时,营业员需在核实情况后按照规定进行商品退换。　　(　　)
3. 商品超过保修期时,营业员可以拒绝为客户进行商品维修。　　　　　　　(　　)
4. 只要食品已被拆封,营业员就可以拒绝为客户进行退换。　　　　　　　　(　　)
5. 只要是店内售出的商品,不管时间过去多久,营业员都要无偿为客户进行退换货甚至维修等服务。　　　　　　　　　　　　　　　　　　　　　　　　　　　　　(　　)
6. 站在客户的立场思考问题,为客户的利益着想是维护客户关系的基础。　　(　　)
7. 客户质量的好坏比客户数量的多少更重要。　　　　　　　　　　　　　　(　　)

8. 妥善处理投诉问题是维护客户关系活动中的一环。（   ）
9. 对于无理取闹型消费者，营业员可置之不理。（   ）
10. 食品的退换政策与个人护理用品的退换政策是一样的。（   ）

三、简答题

1. 好客户的特点有哪些？如何维持与好客户之间的关系？
2. 如何与冲动型消费者维持良好的客户关系？
3. 在什么情况下，企业需要履行三包责任？

四、情景分析题

案例 1 老人被超市纸箱绊倒摔骨折获赔 3.8 万元　自担责 20%

【案情简介】

2016 年 2 月，大庆市 71 岁的陈老太（化名）到萨尔图区某超市购物，几次往返同一货架，最后决定将自己已经放到货架上的物品拿回到购物车内。就在她取商品时，不慎被放在过道上的纸箱绊倒，起来后觉着右胳膊不能动了，便立即找来家人前往医院。后经鉴定，其为右侧肱骨外科颈骨折，评定为十级伤残；护理期评定为 60 日；营养期评定为 90 日。考虑其年龄较大，医院要求老人在家休养，花费医疗费总计 787.5 元。事后陈老太找到超市协商赔偿，因赔偿数额未达成协议，她将超市告上法庭，要求对方赔偿医疗费、伤残补助金、营养费、护理费、精神抚慰金共计 4.9 万余元。

【处理过程及结果】

大庆市高新技术开发区法院审理了此案。在庭上，超市方面辩解称，纸箱没放在行人通道，陈老太摔倒的主要原因是为了拿回其之前放在货架上的商品，没有注意脚下的纸箱。她摔倒前在摔倒处来回走动，已经知道纸箱的位置，其作为完全行为能力人，应尽到注意义务，所以法院应驳回陈老太的请求。

法院认为，原告在被告超市购物期间，被放置在顾客通道的纸箱绊倒，造成右侧肱骨外科颈骨折。根据相关规定，宾馆、商场等公共场所的管理人或者群众性活动的组织者，未尽到安全保障义务造成他人损害的，应当承担侵权责任。本案中，由于超市未尽到合理范围内的安全保障义务，导致原告在超市内摔倒受伤，超市方面应承担相应的赔偿责任。另原告系完全民事行为能力人，其在超市走动时应负有一定的注意义务，对自己的损害应负有一定的责任，认定其自行承担 20% 的责任。

故法院判决，超市赔偿陈老太医药费、护理费、伤残补助金、精神抚慰金等共计 3.8 万余元，诉讼费由超市方面承担。

（案例来源：孙海颖，《老人被超市纸箱绊倒摔骨折获赔 3.8 万元　自担责 20%》，中国新闻网，2017 年 5 月 17 日）

思考问题：

1. 营业人员在工作中应该如何避免引起类似的问题？
2. 当案例中的事故已发生后，正确的处理方法是什么？
3. 针对老年客户，营业员应该如何提供服务？

案例 2　购物小票变"白纸"　消费者换货被拒

【案情简介】

近日,市民郑女士向记者反映她前段时间购买的电风扇坏了,她拿出购物小票欲找超市退换货时,却发现购物小票居然成了一张白纸,她的退换货要求被超市拒绝,这让她很无奈。

6月12日,郑女士在仓山区的良品超市购买了一台小型落地电风扇,促销价为109元。超市销售人员告诉她,购物小票可以作为退、换货的依据,一年之内出现非人为问题都可以保修,并提醒她保管好购物小票。

可是,这台电风扇才用了15天,就出现了风速按钮失灵的现象。郑女士找到超市,要求超市尽快帮她维修或更换一台新的电风扇,可当她掏出夹在钱包中的购物小票递给店员时,票据上的字迹竟然"消失",成了一张白条。超市负责人于是拒绝了她的要求。

【处理过程及结果】

据了解,许多超市或商场的购物小票使用的都是热敏纸,这种纸张打印出的小票通常不到一个月就会慢慢变淡,如果遇到潮湿的环境,只需要几天字迹就会消失不见。针对这些情况,记者查阅相关资料了解到,目前,我国对购物小票的纸张质量并无明确规定,热敏纸类票据字迹模糊也渐渐成为消费者维权的障碍。所以市民在购买价值较高的商品时,最好让商家开具正式发票,以便日后的维权需要。为了防止出现购物小票字迹消失等情况,消费者最好将购物小票复印一份保存,或者可以用手机直接将小票拍摄下来,一旦购物小票字迹消失或者丢失的话,也能以此作为凭据,以减少不必要的损失。无奈之下,郑女士投诉到仓山区工商局。经调解,该超市为郑女士的电风扇提供免费保修。

(案例来源:夏菁、李荔,《购物小票变"白纸"　消费者换货被拒》,网易新闻,2014年7月2日)

思考问题:

1. 面对案例中"小票变白纸"的情况,营业员该如何处理?
2. 在平时的工作中,营业员该如何维护消费者的权益?
3. 什么样的情况下,营业员可以为顾客提供退换货或维修服务?

第六章

营业员新技术素养的养成

> **学习目标**
> 1. 了解新技术对我国零售业的影响、商业展示对消费者的影响、生物识别支付的应用
> 2. 熟悉新零售业态模式、AR商品展示系统的架构和开发技术、移动支付的支付模式
> 3. 掌握新零售的基本概念、商品展示陈列的一般原则、移动支付的概念及运营模式

第一节　新技术与零售商业

一、新零售概述

（一）新零售定义

2016年，马云在云栖大会上提出了中国未来的五个新的发展机遇，第一个被提出的"新零售"概念引发了社会的广泛讨论。马云认为，未来将没有"电子商务"这一概念，新零售将会成为唯一的零售模式，线上、线下和物流结合在一起，进一步丰富用户的消费体验，同时尽可能地减少库存。

新零售，即企业以互联网为依托，通过大数据、人工智能等先进技术手段，并结合心理学知识，对商品的生产、流通与销售过程进行升级改造，重塑业态结构与生态圈，并对线上服务、线下体验以及现代物流进行深度融合的零售新模式。新零售倡导线上店铺到线下来、线下的店铺到线上去，推动电商平台与实体店铺一体化。

（二）新零售与传统零售模式的比较分析

传统零售模式包括纯电商和实体零售。电商购物具有方便快捷的优点，去除了购物的时空限制，解决了消费者与商家信息不对称的问题；但与此同时，线上购物缺乏实际体验，产品质量难以保障，售后问题也较难得到妥善及时的处理。实体店有较为稳定的服务半径和客户群体，为消费者提供了亲身体验产品的机会，能够满足消费者聚会、餐饮、放松等多样化的场景需求，而不只是单一的购物；但在实体店购物需要花去消费者更多的时间和精力，而且由于需要负担店铺租金等成本，实体店内产品的价格相对电商更为高昂。

新零售这一新型模式则将两种传统零售模式相结合，实现了"1+1>2"的效果。新零售既有手机APP可以线上下单，同时开设实体门店进行体验；实体店提供了餐饮、聚会的环境，消费者也可以亲身挑选体验产品；线上线下同款同价解决了传统零售模式的价格问题，将电商仓储与实体店合二为一，也降低了成本；与此同时，新零售更为注重新兴技术手段的应用，利用智能配送、AR/VR、电子价签、智能试衣、移动支付、大数据等技术手段使消费更为便捷，为消费者提供个性化服务，提升顾客体验，降低经营成本。

（三）新零售的特点

1. 新零售转型为全渠道零售模式

"移动互联网＋"背景下,零售业进化特征之一是由单一渠道向全渠道转型。所谓全渠道零售模式,是指流通企业为满足消费者任一时间、地点及方式购买需求,采用实体、电子商务和移动电子商务等方式销售商品,为顾客提供无差别购物体验的一种模式。全渠道模式主要体现为一种新的特征,即"社交＋本地化＋移动＋个性化",该特征促使零售业价格更加透明,已成为行业发展趋势。以往单一渠道和多渠道仅注重交易便捷性,消费者支付和接受购买产品或服务的途径简单、快捷,但难以充分满足消费者的多元化需求。而在全渠道零售模式下,如图6-1所示,消费者与零售企业对市场的了解程度显著提升。全渠道模式下,零售企业不仅建立了折扣店、直营店、加盟店等实体店铺,还创立第三方电商平台、官方网站、呼叫平台和邮购中心等。全渠道新模式使零售企业基于自身品牌和定位,拓展线下实体店门店边界,突破单品SKU(库存量单位)展示陈列的界限,对产品、库存、价格等方面进行重新定位和变革。因此,全渠道体现出较大优势,全渠道零售模式已成为零售业扩大营销规模的重要转型方向。

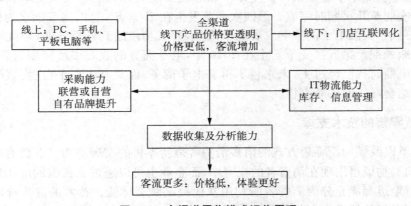

图6-1 全渠道零售模式运作原理

2. 新零售注重消费体验

"移动互联网＋"背景下,现代消费者更加注重购物体验,消费方式呈现购物、娱乐、社交相融合的特征。其中,现代零售业常年开展以"社交"为主题和目的的活动,利用现代信息技术网络组织活动,将餐饮、服饰、影院、KTV等业态串联起来,形成良性互动,逐渐形成零售业品牌优势。以盒马鲜生为例:在购买海鲜水产之后,可支付一定的费用交由商家来加工食材,在现场就餐;距超市3千米以内的顾客在线上下单后,在30分钟至一小时内可无运费收到购买的生鲜;线下的实体店安排有一定数量的服务员和导购员进行讲解和引导。盒马鲜生的实践正是体现出了新零售对用户体验的重视,不仅要为消费者提供优质的产品,更要给予消费者多元化的体验。

3. 新零售呈现移动化与智能化

大数据下零售业凸显的移动化与智能化优势,并非电子商务模式专有。移动互联网背景下的零售业商业运作,主要以现代科技信息技术为依托,将传统商业模式和电子商务模式高度融合,形成智能化运营体系。当前出现的O2O、网上店铺、线上线下融合等新兴商业尝

试,为今后全新运营体系和商业形态奠定了基础,革新了零售业商业运营模式。数据化管理、社会化功能服务、体验式服务、全新自媒体、自行开发公众社交平台、文化元素色彩等全新营销手段在实体购物中心和卖场的广泛运用,为零售业注入了新活力。

(四) 新零售发展历程

1. 国外发展历程

在国外虽然没有明确提出"新零售"这一概念,但早在 2007 年,国外就出现了线上、线下相结合的营销模式,当时美国一些垂直电商开始转向发展线下渠道、开拓线下客户。亚马逊(Amazon)在 2016 年 6 月 20 日宣布推出"先试衣,再购买"的 Prime Wardrobe 服务测试版。同年 12 月 5 日,Amazon Go 在西雅图投入使用,这是它的第一家实体超市,整个超市中没有收银员,购物完成后商品会自动被识别,用户所购买的商品自动显示在手机上,并且自动扣款。

2. 国内发展历程

我国的零售行业经历了多次变革。20 世纪 80 年代,各大城市的百货商店成为主要零售业态,我国的零售业基本完成第一次变革。以超级市场为标志的第二次变革和以连锁店为标志的第三次变革几乎同时完成。第四次变革发生在 2003 年,是以淘宝创立为标志的电子商务变革。目前,我国电子商务的发展趋于成熟,并成功渗透到各行各业,与此同时也遭遇到了发展的瓶颈期。第五次变革发生在 2016 年,电子商务的业态逐渐转型为新零售业态。单一功能的电商时代已经过去,未来将不再有电子商务,而只有电商平台、物流配送和实体体验店紧密结合在一起的新零售。

(五) 新零售的技术支撑

技术变革以及倾向新零售方式的诸多消费者是新零售的发展动力。在已有的开发技术基础上,新的购物渠道出现在消费者的视野中,而企业也可以通过大数据的应用进行有效管理,使得所有渠道都能充分为消费者所利用从而提高顾客体验。技术的进步推动着零售业的变革,人们以新的技术将人与各种零售渠道相连接,为新零售提供技术支持。以下几种技术与新零售的发展息息相关。

1. 移动网络以及智能终端设备

智能终端设备的普及使得消费者能通过网络随时进行购买活动。消费者在得到相关商品的信息时可以即刻前往实体零售店进行直观的产品体验,而后在线上举行促销活动时完成对产品的购买。移动网络以及智能终端设备对现有渠道进行集成,也使得消费者可以自由地在各个零售渠道之间切换,进行最为便捷化的购物。

2. 社交平台

随着各社交平台的推广与普及,社交平台也成为消费的重要渠道。社交平台上诸多产品消费者的如实评价,在使产品的曝光率大增的同时,一方面可能是吸引来了大众的目光,另一方面也可能因为对产品的负面评价而引发品牌危机。因此,企业更需要关注产品的质量,从而提高消费者使用后的感受,为品牌的持续发展奠定稳固的基础。

3. 大数据的应用

大数据,又称巨量资料,指的是所涉及的数据资料量规模巨大到无法通过人脑甚至主流软件工具在合理时间内完成撷取、管理、处理并整理成为帮助企业经营决策的资讯。大数据在新零售中的应用主要表现在购物体验、商品管理、供应链升级与物流配送四个智能化方面。

4．人工智能

人工智能是研究使计算机来模拟人的某些思维过程和智能行为(如学习、推理、思考、规划等)的学科,主要探索计算机实现智能的原理,制造类似于人脑智能的计算机,使计算机能实现更高层次的应用。人工智能在现今的支付手段方面得到了极大的应用,消费者可以通过扫描面部甚至是表情来进行购买支付,使得支付程序更为简洁,同时也保障了支付过程的安全性。

(六) 新技术对我国零售业的影响

1．促进个性化营销手段的产生

各零售商家以商品特征与业务需要为基础,不断采用个性化营销策略,主要包括以下三个方面。

(1) 从营销角度而言,零售商家创造性地采用以大型促销活动、首次下单优惠为主的移动端让利促销策略,以此维护老客户、吸引新客户。

(2) 从技术手段而言,LBS(移动定位服务)技术驱动基于地理位置的营销,运用该技术可开拓多种行之有效的个性化营销方法。

(3) 从数据分析角度而言,基于消费者的访问数据,包括兴趣偏好、登录时间、购买行为、手机品牌、浏览行为等分类数据,开展个性化营销,该方法对品牌营销、效果营销尤为适用。同时,为提升用户体验,零售商家积极采用二维码扫描、条形码扫描、AR(增强现实)、语音交互等多种技术,从而产生了多种个性化营销手段。

2．为零售业物流提供技术基础

传统物流运输概念已逐步模糊化,云计算和大数据随之在整个供应链中被广泛应用,以提高零售业运营效率,主要包括以下两方面:一是拓展以大数据为支撑的"物流云"项目,同时对供应商和平台各商户开放共享。大数据挖掘技术有助于科学调配畅销商品以与用户购买习惯相匹配,以不同用户在何时何地需要何种商品的分析、预测数据为基础,充分发挥国内物流及仓储的整体分布优势,采用预测补货措施,进行灵活性库存部署。二是把握供应链物流全局,以大数据为基础,深层次参与和推进供应链的"移动互联网+"变革,形成有效的供应链计划系统,整体统筹供应链物流的计划和决策。

3．多元化的支付方式提升盈利能力

随着智能移动设备入网数量的增加和O2O消费习惯的培养,移动支付交易规模不断扩大,并日益发展为主流支付方式。移动支付作为吸引大量客流的技术保障,其平台数据对合作商户的大数据收集与运用具有重大意义。许多实体超市支持微信支付工具、支付宝钱包等移动支付平台,以此促进年轻消费者的回归,从根本上打通实体店支付闭环,这对零售业而言是一种颠覆性改变。为了发掘更为丰富的O2O服务入口,移动支付平台不断接入线下零售商,并积极为将来开展多样化的O2O服务奠定基础。

二、新零售业态模式

(一) 新零售业态演变趋势

零售业态是指零售企业为满足不同的消费需求而形成的不同的经营形态。针对特定消费者的特定需求,按照一定的战略目标,有选择地运用商品经营结构、店铺位置、店铺规模、店铺形态、价格政策、销售方式、销售服务等经营手段,提供销售和服务的类型化服务形态。

零售业态演变过程,经历了实体经营形态的百货店、超市、连锁店后,逐渐步入线上线下融合的互联网时代。如图6-2所示,在PC端网上零售店这个阶段,零售业应用互联网交易及支付,可以更加方便地达成交易,为消费者提供更为便利的服务。随着移动终端时代的来临,移动端互联网零售业发展愈发迅猛。借助线上线下融合,丰富了消费者对产品的体验。在未来,零售业新兴业态会以大数据、云计算与云平台为基础,构建更多的集社交、服务、娱乐及产品于一体的消费模式,促进消费体验进一步丰富。

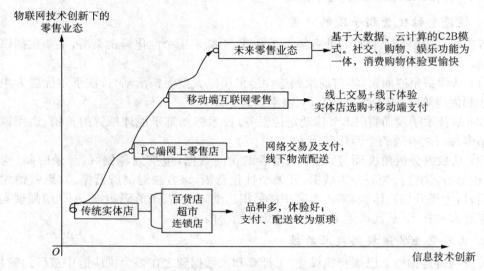

图6-2 新零售业态演变趋势

(二)业态模式

1. 门店模式

该模式强调移动互联网作为线下服务的工具性价值,主要用来为线下门店导流,提高线下门店销售量。门店模式发挥着为线下各门店提供服务的功能,对用户而言意义重大,该模式有利于对每笔交易的追踪与对推广效果的查询。如图6-3所示:首先,为了将用户从APP

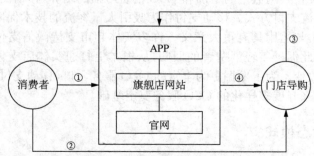

注:①线上查看信息,扫码使用优惠券②门店试穿③店员引导下载APP扫码购物④试穿、购买

图6-3 零售业新业态门店模式

直接引流到门店,商家专门设计了二维码及优惠券,只能在实体门店扫描使用;其次,为增加 APP 下载率和使用率,实体门店内商品二维码、优惠券二维码只能用该门店的 APP 扫描识别,以将线下门店中的消费者吸引到线上。这些线下门店 APP 功能的完善有利于提高消费者忠诚度,从而形成良性循环。

2. 私人订制模式

私人订制模式,是指利用各种 O2O 工具,促进品牌商和用户的持久联系和无缝沟通,积极开发第三方 O2O 平台、自有 APP 等,发挥国内微淘、微信等移动 APP 大入口的便捷优势,增强创新体验和个性化服务,融合自身服务、体验进行创新。如图 6-4 所示,该模式的核心是门店导购与消费者之间的联系和无缝沟通,随时随地满足消费者的个性化需求。私人订制模式依托微购物平台和微信公众账户,目前有新品宣传推广、品牌营销及手机端购物等功能,可实现预约体验、在线导购等。为了节省用户时间,可以让用户提前挑选商品,用户到达实体店后,导购人员依照该用户的需求,推荐相符的产品,进行高精准度的导购。并且,可以提前规划门店导购,导购人员可分析用户的特殊需求,提前准备好用户选定的体验产品,进行产品个性化推荐。

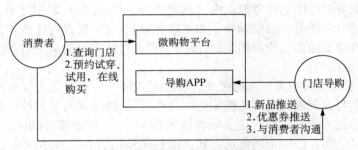

图 6-4　零售业私人订制模式

3. 粉丝模式

粉丝模式如图 6-5 所示,零售业品牌商将 O2O 工具用作自身粉丝平台,定期向其粉丝推送新品信息和优惠活动信息等。通过多种创新性推广方式,促使线下用户持续加入,鼓励粉丝通过移动 APP 直接购买所需商品,充分运用社会化营销方式,如新品发布、品牌传播、内容维护等,用以吸引更多粉丝。当前,许多社会化 O2O 平台具有粉丝互动功能,如天猫平台、腾讯微购物平台、微淘(粉丝账户)以及微信(公众账户)等,有助于增加消费者移动购物的黏性及频率,引导消费者直接用手机进行网上购物,该模式实质上属于线下向线上反向导

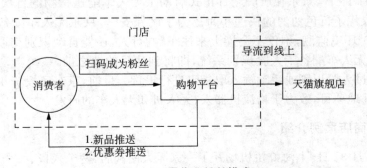

图 6-5　零售业粉丝模式

流。在粉丝模式下，商家通过 O2O 工具将实体门店消费者吸引到线上，成为其粉丝，接着运用精准营销达到将用户由线下转移到线上的目的。

三、新技术典型应用介绍

（一）无人驾驶配送服务案例介绍

1. 国外：无人驾驶配送货车和电动无人驾驶车

（1）Nuro 的 R1 无人驾驶配送货车。硅谷无人驾驶初创企业 Nuro 在 2018 年 1 月 30 日首次展出了 R1 无人驾驶配送货车。R1 为全自动无人配送车，这意味着它完全由计算机控制，没有任何为人类驾驶准备的部件。在 Nuro 展示的测试视频中，无人配送车可以在模拟的道路环境中，完成红绿灯识别、行人识别、自动变道、自主通过四向停车路口等操作。

美国大型连锁超市集团克罗格宣布，已经与 Nuro 达成合作伙伴关系，联手推出完全实现无人驾驶的配送服务。克罗格测试了这些旨在降低运输成本的小型无人送货车能否引导顾客远离拥挤的超市过道，成为第一家使用机器人汽车交付货物的美国杂货商。在设计时，Nuro 团队就将取货时的便捷性考虑在内。当货物送达时，客户只需掏出手机扫码验证身份或者直接输入取件码，便可开启储物箱。如果进展顺利，克罗格很可能会扩大无人驾驶汽车的使用范围，这将降低超市送货费用，并将那些一直在驾驶汽车的员工重新分配到专注于改善客户服务的其他岗位。

（2）福特用无人车为达美乐外送比萨。物流配送环节一直是无人驾驶汽车应用领域的一部分，福特汽车与比萨连锁品牌达美乐达成合作，将配置无人驾驶系统的汽车用于比萨的配送服务，目前已进入测试阶段。达美乐将随机选择订单，交由福特的无人驾驶车配送，当然，消费者也可以注明自己指定的配送方式。由达美乐的合作伙伴 Roush 设计了无人驾驶外送的专用包装，以保证运送过程中比萨的保温。消费者在无人驾驶车到达目的地后，只需要输入唯一的外送码便可打开货箱。

（3）丰田的 e-Palette 电动无人驾驶车。e-Palette 主要用于商业用途，配备"Level4"级别自动驾驶技术，可在限定区域内实现完全自动驾驶。在现场演示中，e-Palette 除了共享出租车和公交车用途外，还能够成为移动商铺、物流运送平台、通勤共享工具等等。它将购物、娱乐和餐饮服务都融入其中，犹如一个小型的娱乐商场。必胜客宣布将与丰田合作推出无人送货服务，这意味着 e-Palette 未来会成为必胜客的外送车。

2. 国内：京东无人车配送货物

2018 年 6 月 18 日，京东在店庆之日正式启动了无人车配送货物的首次尝试。20 余台小巧的无人车取代了行色匆匆的快递小哥。为了确保安全，京东无人车配备了雷达和传感器以便进行 360°环境监测，不仅不会撞上来往车辆、行人，还能自动识别交通信号灯。为了提高效率，京东无人车配备了人脸识别系统，即将到达目的地之前，系统自动给用户发送取件信息，用户通过人脸识别或手动输入取货码进行提货。目前，京东还投资 100 亿元用于无人车智能产业基地项目，致力于物流机器人、无人机和无人车的研发。

（二）无人商店案例介绍

2018 年 10 月 31 日，上海虹桥机场开了一家无人便利店，两个入口、一个出口，店内所售商品与普通便利店无异。特殊的是，消费者在这里无需排队结账，即拿即走。便利店通过在天花板和货架上安装摄像头来识别商品、捕捉消费者动作。无人便利店主要通过以下三种技术识别商品：一是条形码，需要消费者自己扫描商品条形码进行付款；二是 RFID（射频识别）技术，这要求商家在每个商品上贴上 RFID 标签；三是计算机视觉技术，主要应用于视觉结算台和智能冰柜等产品。

有了这些识别技术，消费者只需在进店前打开小程序，开通免密支付，扫码进店，离店后手机便会收到扣款短信。这种即拿即走的方式降低了店铺的人力成本，那些被解放的人力可以有更多时间为消费者提供更优质的服务。除了降低成本，新技术还将应用于采集和分析用户数据。分析用户数据，有利于降低便利店货损率，提高进货精准性，提高用户体验。目前，上海虹桥机场开设的无人便利店最多可同时容纳 20 人左右，结账在 8～10 秒钟内完成，准确率为 99.9％。

四、我国新零售面临的问题

（一）线上线下资源整合难度增大

传统零售业从业人员普遍对线上线下资源的理解和重视程度不够，资源整合缺乏可行性强的规划以及科学的衔接机制，导致线上线下业务脱节，协同性较差。在过去的十多年里，天猫、淘宝、京东等第三方电商平台对零售业的重要影响是切断了门店与消费者之间的关联，在一定程度上相当于消费者与天猫、淘宝、京东进行直接交易。这些第三方平台的存在使得消费者与门店之间的关联被削弱。由于这些门店每年需要向第三方平台缴纳许多费用，其渠道成本越来越高，线上与线下的关系逐渐恶化，线上线下资源整合面临风险。

（二）网络线上产品监管体系有待完善

新兴网络零售业因缺乏实体门店，在质量监督方面存在着盲点。虽然消费者评价成为重要质量参考指标，但某些商家通过虚假交易提高销量和信用，不利于消费者对产品的选择。第一，当前网络技术对该领域的监管还有待加强，一些平台对商家进入门槛设置过低，缺少对商家信息真实性和资质的审核；第二，企业及平台缺乏对售假行为的控制和监管；第三，多数零售企业对供应商监管不够严格，对供应商质量的考量缺失，从而引发消费者一系列退换货和维权活动。

（三）物流基础设施缺乏统一规划

O2O 发展使得商品销售更为随机、分散，配送呈频次高、批量小的趋势，由此，物流车辆高效调度、物流配送线路的合理规划面临挑战，进而对物流水平造成不利影响。就配送便捷性和覆盖范围而言，鉴于多数网络零售商家对配送地点和送货区域有一定限制，未进入物流覆盖区域的买家需要自提，从而影响买家收货的便捷性，造成物流服务水平与质量的下降；就配送时间而言，当前网络零售商家的承诺到货时间通常为三至七天，如遇网络购物高峰期，其配送周期则长达数周，配送时效性有待改进；就配送的准确性而言，业务量的不断增加使配送过程中多次投递、错误投递等失误频发。

第二节 新技术与商品展示

一、商品展示陈列的 5C 原则

商品展示陈列是指将商品的全貌、性能和特点用灵活而又富有创造性的方法展现出来,以便顾客对商品进行鉴别、挑选,并以此引起顾客购买兴趣的一种服务技巧。商品展示陈列是零售企业日常经营管理的重要环节之一,要求做到科学性与艺术性相结合。如今,大部分零售企业已经由传统的柜台展示陈列转变为开放式自选为主的展示陈列,顾客在货架前直接选购商品成为当今的时尚。

恰当的商品展示陈列不仅有利于顾客进行商品搜索,而且可以使顾客产生愉悦的感觉,诱发顾客的购买欲望,进而提高零售企业的经营效益。纵观大量的商品展示陈列的成功例子不难发现:尽管商品展示陈列的具体方法多种多样,但都必须以一定的科学原则为指导。在进行具体的商品展示陈列操作时,必须依据 Character、Convenience、Concentration、Culture、Change 的 5C 原则来操作,做到凸显商品特征、提供购买便利、利于促进销售、营造文化氛围、力求常变常新,这样才能够取得良好的效果。

(一) Character——凸显商品特征

1. 模拟场景中展示商品

商品展示陈列的首要目标是直接明了地显现商品的特点,让顾客清楚、方便地观察商品的外观,研究商品的使用方法和阅读商品的相关信息,这是商品展示陈列的首要原则。在陈列展示食品、厨具、家具饰品时,模拟生活场景往往能充分展现商品的特点,给顾客留下深刻印象。

2. 运用色彩的联想功能

色彩会使顾客产生具体的或者情感的联想。如红橙色调给人以热烈、喜庆、祥和之感;绿色调给人以生机蓬勃、安宁、希望之感;蓝色调给人以幽默、深远、清凉之感。因此,为更好地突出商品特点,应该采用恰当的背景颜色衬托商品。例如,珠宝首饰店多以大红和紫色的金丝绒为主色,金丝绒吸光而珠宝首饰放光,两者形成对比,突出了珠宝的质地和光泽,而红色给人以华丽、喜庆、高贵之感,从而满足购买者的心理需求。

(二) Convenience——提供购买便利

1. 选择合适的分类标准

选择合适的标准对商品进行分类,如根据部门、大类、品种、单品来展示陈列商品,可以方便顾客寻找与购买,节省顾客购买过程中搜寻商品所花费的时间和精力。商品展示陈列可以按颜色、生活场景、适用年龄、不同品类、实际行动中的状态等分类。同时,分类的标准要做到灵活应变,比如,对于拥有较高品牌忠诚度的产品,按品牌来分类,如运动鞋、奶粉等;饮料、食品等则按口味来分类。

2. 进行合理的商品布局

在对商品进行分类以后,还要考虑商场的目标消费群体的年龄结构、性别比例、购买习惯等一系列相关因素,进行合理的商品布局。比如,老年人用品应该放置在采光、通风条件较好的位置;儿童用品则应避免摆放在临近玻璃制品、陶瓷制品等易碎商品的位置。此外,商品布局还要结合商场具体的地理因素,避免在购物高峰时段出现顾客过分拥挤的情况。

(三) Concentration——利于促进销售

1. 配合促销活动的开展

商品展示陈列是一项创造性工作,它是为了吸引目标顾客的光顾,促进商品的销售,方便和愉悦顾客,进而刺激和满足顾客的需求。根据顾客的购物心理,把商品陈列在容易引起注意的地方,并且通过艺术性的展示起到诱发购买的作用。根据商品促销快讯相应地进行促销商品的陈列,成堆摆放的商品能够大大吸引消费者的注意力,诱发其进行购买。

2. 发挥营销沟通的功能

商品的展示与陈列本身,以及其所借助的设备,如橱窗、柜台、货架等都是显示商品信息最显著的工具,它是商场独有的费用低、收效快、效果好的店内广告媒体,它能向消费者提供商品信息,增添商场营销气氛,并发挥重要的促销和宣传作用。例如,许多大型的购物中心把新书、最畅销的书以各种艺术造型摆放在最为引人注目的地方,向顾客暗示有关商品质量和销路的信息,帮助顾客进行选择和比较。

(四) Culture——营造文化氛围

1. 营造经营主题

现代科技日新月异,商品的同质化程度大大提高,通过开展主题经营,可以明确目标市场,进行有效的营销管理活动,从而提高经营和管理效率。比如,不同定位的服装商店应该有不同的展示陈列手法:经营民族服饰的商店,要注意货架的古典艺术形式,模特的动作神态应该婉约含蓄;以青春少女为目标顾客的商店,应该大胆运用灯光、色彩,服装的展示应讲究创新和时尚;而针对中老年人的服装商店则要注重商品陈列的条理性,给人舒适、简洁之感。

2. 渗透文化因素

关注文化在营销活动中的重要作用,满足顾客精神文化方面的需求,如历史的追溯、心理的愉悦、精神的慰藉、情感的寄托、艺术的欣赏、美的感受等等。一个好的商品展示设计应该是一件艺术品,人们在接受商品信息的同时也得到了艺术享受,从而在顾客的思想深层留下美好的印象。

(五) Change——力求常变常新

1. 顺应时节调整变换

商品展示陈列应该随着季节的变化和不同的节日而不断变换,充分利用固定不变的商场空间来展示变动的商品组合,既能使商店的面貌焕然一新,给顾客新鲜感,又能带动销售,商品间以及展示台的搭配根据不同的销售季节和节假日灵活而定。例如,在夏季,商品展示台的间隔要增大,避免令消费者产生压抑和烦躁感。

2. 借助高科技手段进行动态展示

商品展示陈列要利用一些高科技手段，向动态化、电子化方向发展，以达到提高宣传效果的目的。对于手机、笔记本电脑、数码电视、影音设备等高科技产品，更应该运用动态的展示技术。例如，运用旋转式货架、大型电子屏幕、变换的音乐和灯光等展示工具，可以使商品的展示更加形象生动，从而有助于调动顾客的兴趣。

二、商业展示对消费者的影响

（一）巧妙设计的人流动线，提升了消费者购物体验

人流动线是让消费者在商业空间中按照特定的路线舒服地、自然地行走。舒适的人流动线设计方便消费者购物，避免出现空间死角，也使消费者的购物时间延长，并使消费者体验一种自由购物的愉悦。

在商业展示设计时，如果设计师给消费者创造一种神秘的氛围，让消费者产生强烈的好奇心，像探险家探险一样，永远不知道下一步将要发生什么，那么消费者就会一步步走入设计好的人流动线内。

（二）合理利用的商业空间，满足了消费者多层次需求

现代社会中，人们穿梭在热闹的商业街区，徜徉于琳琅满目的购物广场中。为了使消费者在空间中舒服、舒适、轻松，自然就需要休息服务区的设置。商业空间中合理的功能划分能提高展示空间的面积利用率，通过展台设施的合理摆放以及休息服务区的有效设置，合理利用人体工程学，使商业空间为消费者提供身体上、精神上和心理上的满足。在商业空间中，任何服务的小细节都会使消费者产生好感，从而产生再次前来的欲望。

三、增强现实技术（AR）的商品展示

（一）AR 商品展示系统

增强现实技术（Augmented Reality，AR）是一种将真实世界信息和虚拟世界信息"无缝"集成的新技术，是把原本在现实世界的一定时间空间范围内很难体验到的实体信息（视觉信息、声音、味道、触觉等），通过电脑等科学技术，模拟仿真后再叠加，将虚拟的信息应用到真实世界，被人类感官所感知，从而达到超越现实的感官体验。真实的环境和虚拟的物体实时地叠加到了同一个画面或空间而同时存在。

网购时消费者看到的都是图片、文字、视频等电子宣传信息，实际体验感不强，从而影响到消费者的购物欲望。利用增强现实技术（AR）在移动终端上的增强显示，能够提高客户体验感，减少购物风险，促进商品销售。智能手机带有摄像头和高清彩色显示屏，因此在移动终端上加载 AR 系统已经成为可能。

根据需求分析，用户可以用移动终端（苹果或安卓系统均可）读取印刷在一般宣传品上的特征标识物（商品编码），从而在移动终端屏幕上看到物体在实景中的摆放效果。用户还可以根据自身需要，控制虚拟物体的呈现角度和旋转方向使之与实际环境更加契合，增强存在感，利于用户确定是否购买该物品，节约用户时间，扩大商户市场。我国已经开始采用增强现实技术构建产品展示系统。例如：在军事领域，AR 模拟烟火进行军事演习；城市规划

领域,采用增强现实技术将规划效果叠加到真实场景中以直观地看到规划的效果。

(二) AR 商品展示系统的架构设计

系统设计的目的是通过移动终端(苹果和安卓系统均可)应用 AR 技术,实现将虚拟化的商品在实际环境中的效果显示出来,增强网络购物的体验感,方便用户挑选货物,使移动电子商务操作更优化。

系统启动时摄像头也会随之打开,摄像头开始搜寻商品编码,当编码在摄像头视野范围内时,系统开始识别编码,并进行跟踪注册,三维重建,从而将虚拟物体在屏幕上增强显示。此时,可以在屏幕上看到虚拟物体和真实场景融合显示效果,如图 6-6 所示。

(三) 开发 AR 商品展示系统所用的关键技术

增强现实技术能够实现虚拟环境与真实环境的融合,增强显示效果。为了使计算机融合的虚拟物体可以精确地定位显示在真实场景中,AR 系统需要分析大量的定位数据和环境场景信息。系统主要是通过手机摄像头与物体的相对位置计算虚拟物体坐标到相机平面的转换矩阵,通过该矩阵

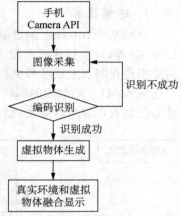

图 6-6 AR 商品展示系统架构

绘制虚拟景物,最终将虚拟景物合并到真实场景中并输出到显示终端。在系统开发中将用到显示技术(利用手机的高清晰显示屏进行增强现实效果的显示)、跟踪注册技术、人机交互技术(用户对虚拟物体进行移动、旋转、放大缩小等操作)。该系统开发中关键的技术是编码识别技术、摄像机定标、跟踪注册等。

AR 技术最终实现的目标是借助计算机图形和可视化技术,通过注册技术将虚拟对象准确地映射到真实环境中,借助光电显示技术使得虚实场景达到一致的光照效果,从而形成一个虚实融合的环境。使用增强现实技术开发移动电子商务的商品展示系统,通过在移动终端上的增强显示,能够提升客户体验感,使潜在客户节省时间,满意购物,而商家也得以获取更大的利益。

四、虚拟现实技术(VR)的商品展示

虚拟现实技术(VR)是仿真技术的一个重要方向,是仿真技术与计算机图形学、人机接口技术、多媒体技术、传感技术、网络技术等多种技术的集合,是一个富有挑战性的交叉技术前沿学科和研究领域。虚拟现实技术主要包括模拟环境、感知、自然技能和传感设备等方面。模拟环境是由计算机生成的、实时动态的三维立体逼真图像。感知是指理想的 VR 应该具有一切人所具有的感知,除计算机图形技术所生成的视觉感知外,还有听觉、触觉、力觉、运动等感知,甚至还包括嗅觉和味觉等,也称为多感知。自然技能是指人的头部转动以及眼睛、手势或其他人体行为动作,由计算机来处理与参与者的动作相适应的数据,并对用户的输入做出实时响应,并分别反馈到用户的五官。传感设备是指三维交互设备。

在目前的电子商务网站中,信息展示手段往往局限于文本、图片及简单的二维动画,而这些信息仅能提供平面的效果,与实物均有一定的差距,缺少交互的展示技术和足够的表现力,无法充分体现产品的特点、功能、结构等特征,从而妨碍了电子交易中消费者进行最终决

策。因此,探索将三维虚拟展示技术与电子商务有机结合,实现在网页上360°查看产品,自由操作产品各功能部件的虚拟展示技术就显得十分重要。目前实际应用当中大致分为两类:一类是基于几何模型的商品三维虚拟展示技术;另一类基于照片的商品三维虚拟展示技术。

(一) 基于几何模型的商品三维虚拟展示技术

1. 建模技术

目前基于 Internet 的虚拟现实技术包括 Director、Viewpoint、Cult3D、VRML、Flash、Java 3D 等,且支持建模开发工具 3DS MAX、Maya、proE、Autocad 等。它们都是从各个角度实现在网页上或各种文档格式中建立互动的三维模型,用以表现完美的三维实体。它们能嵌入 3D 互动效果的编辑及播放功能,并可以把图像、文本、声音、动画等多媒体元素非常方便而有机地结合起来,创造出快速、互动的三维场景。

2. 技术应用举例

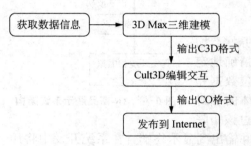

图 6-7 基于三维建模技术的虚拟商品展示设计流程

Cult 3D 是一种崭新的 Web 3D 技术,是一个面向电子商务的交互三维软件。作为窗口式虚拟现实工具开发平台,其主要目的是在网页上建立互动的三维模型,仅通过使用鼠标,用户就可以旋转和缩放产品的 Cult3D 模型,并可从任意角度观察;通过点击模型的功能按钮就可以开启产品的部件,并移动部件。目前虚拟展示的三维模型是通过开发工具中的 3DSMAX 来完成。制作流程如图 6-7 所示。

(二) 基于照片的商品三维虚拟展示技术

1. 全景技术

全景技术也称为全景摄影或虚拟实景技术,是基于系列静态图像的虚拟现实技术。它是用相机环 360°拍摄的一组照片拼接成一个全景图像,通过一段程序代码或专用的播放软件在互联网上显示,浏览者可通过鼠标控制环视的方向,可左可右、可近可远观看物体或场景;或通过鱼眼镜头拍摄两张图像,它可以拍摄出水平视角和垂直视角都达到 180°的特殊图像,不但可以前后左右 360°环视景观,还可以上下浏览,真正实现全方位的三维互动效果。

2. 技术应用

全景技术实现非常简单,它不需要复杂的建模过程,只要利用相机拍摄出合适的照片,再通过编写程序或相关软件将照片进行拼接,就将二维的平面图模拟成真实的三维空间,并提供各种操纵图像的交互功能。目前用于实现该技术的软件很多,如 Quiktime、Java、Flash、Ulead Cool360、Hot Media、VR Toolbox、杰图漫游大师等。由于全景制作的软硬件设备价格昂贵,在此选用普通相机及常用软件制作,具体设计步骤如图 6-8 所示。

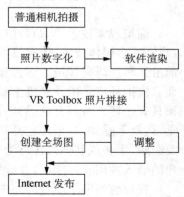

图 6-8 基于照片的商品三维虚拟展示技术设计流程

（三）二者比较

前者是计算机视觉、计算机图形学、计算机辅助设计的核心。利用该技术生成的效果图立体感、空间感强。这类技术较成熟，能准确地反映设计意图，可操控性高。但开发时间长，对设计人员的技术能力要求较高。在对已知物体（如建筑物）建模时缺乏精度，需要额外的测量工作。

后者制作周期短，制作成本低；真实感强，是基于真实图片拍摄制作生成的，相比建模生成的对象更真实可信；交互性能好，可任意控制旋转对象；沉浸感强烈，能够给观赏者带来身临其境的感觉；文件小，便于网上传播。但对仅保留了一张照片的历史资料，或对未开发出的新产品，则无法采用该技术完成。

第三节 新技术与移动支付

一、移动支付的概念与分类

（一）移动支付的概念

移动支付是资金债权债务清偿中任何一方通过移动方式接入进行清偿的一种支付方式，是支付方为了购买实物或非实物形式的产品、缴纳费用或接受服务，以手机、PDA等移动终端为工具，通过移动通信网络，实现资金的债权债务清偿的过程。

（二）移动支付的分类

1. 按参与移动支付的当事人划分

参与移动支付的当事人可以分为两大类：移动支付交易参与者和移动支付服务的提供者。移动支付交易参与者主要有消费者和商家，而移动支付服务的提供者目前主要有金融机构、电信运营商和提供移动支付的第三方机构。

2. 按移动支付的距离远近划分

按移动支付的距离远近划分，移动支付可分为近场支付、远场支付以及连接线上与线下的O2O移动支付模式。

3. 按支付方式划分

按支付方式划分，移动支付可以分为基于蜂窝网络技术的支付方式、移动网络支付方式和基于射频技术的支付方式三类。

二、我国移动支付发展历史及现状

随着智能移动终端的普及、移动网络的更新迭代，手机逐步取代固定电话和电脑，成为集通信、联络、社交娱乐于一体的生活必需品。虽然我国移动支付产业起步较晚，但移动支付方式的创新速度及普及程度已经走在世界前列。随着以微信、支付宝为首的支付系统平台对移动支付功能的深入探索和大力推广,越来越多的人群开始接受和使用移动支付。

数据显示,2019年中国移动支付用户规模为7.33亿人,移动支付在网民中的渗透率不断攀升。随着技术与市场的成熟化发展,移动支付覆盖场景将更加广泛,用户规模有望持续上升,预计2020年用户规模将达7.90亿人(见图6-9)。

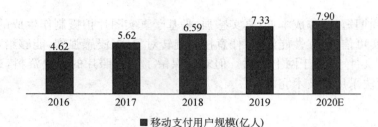

图6-9　2016—2020年中国移动支付用户规模及预测

数据显示,2019年中国移动支付交易规模为347.1万亿元。受新冠肺炎疫情影响,2020年第一季度中国移动支付交易规模为90.8万亿元,同比增长4.8%,增速下滑。但是从长期来看,疫情加速了消费服务线上化、驱动移动支付场景的拓展以及用户移动支付习惯的强化。未来移动支付交易规模将在用户规模以及支付频率上升的驱动下持续增长(见图6-10)。

图6-10　2013—2020年第一季度中国移动支付交易规模

三、移动支付的模式

(一) 按移动支付提供主体划分的运营模式

虽然各种移动支付系统在实施中的表现形式各不相同,但其包含的基本架构却是很统一的,其运营的主要模式有以电信运营商为主导的运营模式、以金融机构为主导的运营模式、以第三方支付服务提供商为主导的运营模式。

1. 以电信运营商为主导的运营模式

这种运营模式是以电信运营商代收费业务为主,银行完全不参与其中。在进行移动支付时(如用手机支付时),一般是将话费账户作为支付账户,用户购买电信运营商所发的电子货币来对其话费账户充值,或者直接在话费账户中预存款,当用户采用手机支付形式购买商品或服务时,交易费用就直接从话费账户中扣除。货款的支付是从电信话费中扣除,最后由商家和电信运营公司进行统一的结算。其支付流程见图6-11。

图 6-11　以移动运营商为主导的运营模式

2. 以金融机构为主导的运营模式

提供支付服务的金融机构主要是银行。银行独立地提供移动支付服务,手机是支付的媒介,支付信息借助移动运营商的通信网络进行传递。移动运营商不参与运营管理,只负责提供信息通道。用户将手机与银行账户进行绑定,直接通过语音、短信等形式完成支付,货款支付是在消费者和商家的银行账户间进行划转。如我国部分银行推行的手机银行支付方式。其支付流程见图6-12。

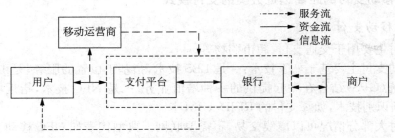

图 6-12　以金融机构为主导的运营模式

3. 以第三方支付服务提供商为主导的运营模式

第三方支付服务提供商在这里是指独立于银行和移动运营商,利用移动通信网络资源和银行的支付结算资源,进行支付的身份认证和支付确认的机构。第三方支付服务提供商在该模式中需要构建移动支付平台,并与银行相连完成支付,同时充当信用中介,为客户提供账号,并且为交易承担部分担保责任。货款通过第三方提供的移动支付账号进行划转。其支付流程见图6-13。

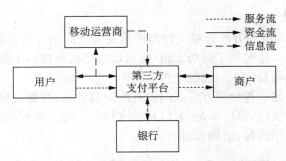

图 6-13　以第三方支付服务提供商为主导的运营模式

4. 三种类型移动支付服务提供商的运营模式比较

综上所述,三类运营模式既有共性也有差异。下面做一个小结,分析对比见表6-1。

表6-1 移动支付服务提供商的运营模式比较

主体	电信运营商	金融机构	第三方支付服务提供商
代表公司	移动、联通、电信	各大商业银行	阿里巴巴、腾讯
主要产品	手机钱包、天翼支付等	手机银行、闪付等	支付宝、微信支付等
优势	移动支付的必要参与方,拥有广大的客户群	资金结算的必要参与方,资金调拨、风险防控的经验丰富,拥有大量的移动POS终端	拥有良好的信誉和忠实的客户群,支付手段方便快捷,与线上商务有效结合
不足	存在一定网络安全隐患;受限于移动技术的革新	各银行之间系统互不相容;重资产结构不适应移动支付的快速更新	账户资金安全存在一定隐患;资金流向不可追溯;难以脱离前两个主体

(二)按移动支付的距离远近分类的支付模式

1. 近场移动支付

近场支付主要用于交通支付、超市购物等。

近场移动支付主要基于如下技术:一是LBS技术,指基于位置的服务,是由移动网络和卫星定位系统(GPS)结合在一起提供的一种增值业务;二是NFC技术,指近场通信;三是RFID,指射频识别技术,如翼支付的RFID-UIM卡。

近场支付大部分情况可以离线交易,不需要联网。典型代表如NFC移动支付(如谷歌钱包)。如果是基于LBS技术的近场支付,则需要网络来配合,典型代表如支付宝的"碰碰刷",用户双方同时"摇一摇"手机,就能找到对方账号并进行快速支付,不再需要手动输入对方支付宝账号。

2. 远场移动支付

远场支付主要有网上购物支付、各种缴费等,目前大多数移动支付表现为远场支付,典型代表如微信支付、手机银行支付、短信支付、语音支付、支付宝支付等。主要通过移动互联网技术来实现支付。远程支付可以通过如下几种模式来实现:一是客户端模式;二是内嵌插件支付模式;三是手机刷卡器模式。

3. O2O移动支付

O2O移动支付模式则是介于近场支付与远场支付之间的一种移动支付模式,既包括了远场支付(如网上团购),也包括了近场支付(如自动售货机购物),主要目的在于通过支付实现线上与线下的闭环,典型代表如扫描支付。

需要说明的是:上述三种分类方法之间没有严格的界限,有些支付方式既可以实现近场支付,也可以实现远场支付,也可以是O2O移动支付。上述三种移动支付模式的密切组合,可以实现近场近付、近场远付、远场远付。

四、移动支付典型案例

(一) 国外典型案例分析

1. 谷歌钱包

谷歌钱包(Google Wallet)主要是采用基于 NFC 的移动支付模式,不仅集成了客户的信用卡,还集成了客户的会员卡、折扣卡和购买卡等。谷歌钱包一开始主要运用于近场支付,由于受限于 NFC 终端的不普及(苹果手机不支持 NFC),谷歌钱包开始拓展使用范围,不再限于近场支付,并推出了实物卡(实物卡和谷歌钱包账号绑定,支付时直接从谷歌账号的余额中扣除),实质是预付卡,该卡既可以在自动柜员机取款,也可以在商场进行刷卡消费。

2. PayPal Beacon

一开始 PayPal 推出的移动支付主要是手机短信支付,后来逐渐过渡到 PayPal Beacon。PayPal Beacon 是一款支持蓝牙支付的附件设备,使用蓝牙技术,无需掏出手机即可完成支付。PayPal Beacon 有两个关键点:一是无需接入互联网,可以离线交易,既方便了用户支付,也在一定程度上保护了用户数据的安全;二是能够提前实现商家与用户的互动。当用户靠近支持 Beacon 的商店时,手机会震动或发出提示音(当然,用户也可以取消这一自动提醒功能),同时 Beacon 不会对用户的位置进行持续追踪,以保护用户的隐私和数据安全。

3. 韩国的 MONETA 和 K-merce

MONETA 是韩国移动运营商 SKT 推出的移动支付品牌,包括了 MONETA card(使用红外线技术,可以离线交易)、MONETA bill(在线购物)、MONETA pass(乘车卡)、MONETA bank(银行转账等)、MONETA stocktrading(股票交易)、MONETA sign(身份认证)等。

K-merce 是韩国移动运营商 KTF 推出的移动支付服务,与 MONETA 类似,可以提供移动银行、移动证券、购物支付等服务。K-merce 不但可以通过红外线技术进行支付,而且可以通过刷手机支付。

4. 日本的 Osaifu-Keitai

Osaifu-Keitai 是日本移动运营商 NTT DoCoMo 推出的手机钱包业务,该服务主要基于一张被称作 Felica 的非接触 IC 智能卡。用户需要事先向 NTT DoCoMo 申请一个手机钱包账号,并预存一部分金额(预付支付)。用户使用该服务购买商品所付的款项直接从账号里扣除,使用该业务无需输入密码(快捷支付)。此外,Osaifu-Keitai 可以远程锁定和擦除用户个人资料,同时个人资料可以备份到云端,不用担心丢失。

(二) 国内典型案例分析

1. 支付宝

(1) 发展概况。当前,国内移动支付的头把交椅无疑属于支付宝钱包。2009 年,支付宝推出了第一个移动版本 APP,之后几经发展更新,"支付宝钱包"于 2013 年 11 月正式宣布成为阿里旗下独立品牌。2018 年 11 月数据显示,支付宝钱包活跃用户已超过 2.2 亿,在移动支付市场占据了 50% 以上的市场份额。2010 年 10 月,支付宝携手国内外知名手机芯片商、手机制造商和手机应用商等 60 多家厂商共同成立"安全支付产业联盟",并推出了手机安全支付产品方案。第三方手机开放平台的开发利用支付宝的优势,无需换卡,降低了用户的使用门槛。

(2)增值服务。第一,支付宝APP平台提供淘票票、共享单车、天猫超市、淘宝、饿了么外卖、飞猪旅行、优酷等多个第三方服务平台链接。一方面,这丰富了支付宝的应用场景,突出了平台差异性,满足了用户个性化需求;另一方面,这种将应用场景与支付方式结合在一起的捆绑销售,使得商户和支付宝之间的网络外部性影响更加强劲。第二,开发余额宝、蚂蚁借呗、花呗、芝麻信用、保险服务等财富管理项目。余额宝与货币基金对接,用户将账户余额存入余额宝,获得远高于银行定期存款利息的稳定收益。余额宝收益性与流动性并存,余额可随取随用、灵活变现,大大降低了消费者的时间成本。而类似于信用卡的花呗和蚂蚁借呗,则以消费金融形式出现,支付宝根据用户消费和交易行为数据形成芝麻信用,并以此为基础授予信用额度,用户可利用花呗、蚂蚁借呗提前消费,进一步增强了用户黏性。第三,新增蚂蚁森林、蚂蚁农场及爱心捐赠等公益性功能。鼓励消费者使用手机支付宝进行线下消费,积累公益积分,将公益积分兑换成公益额度,用于儿童助学成长、贫困人群关怀、环境与动物保护、医疗救助等公益项目,进一步增加了支付宝的使用频率和主动性,提升了消费者的社会责任感。

2. 微信支付

微信支付由于融入了社交网络的属性,与其他移动支付模式相比,具有无可比拟的优势。

(1)发展概况。微信支付自2013年诞生以来,迅速席卷全国。微信可以通过扫描购物,即用户扫描商店里产品的二维码,直接付款购物。在微信支付的过程中,用户不用退出微信再进入其他网页或程序,只要拥有一张与微信绑定的银行卡、一个微信账号。微信支付的上线商户不仅包括中国内地的商户,而且已覆盖境外地区,也就是说目前已经能利用微信实现跨境购买产品。

(2)工作原理。微信支付有两层含义:一是通过第三方支付平台财付通来完成的快捷支付,是一种移动创新产品;二是通过银行开通的微信公众号引导到手机银行来完成的支付。我们通常所说的微信支付更多地指第一层意义上的微信支付,其运作过程如下:微信用户首先需要在个人资料里添加银行卡,完成与银行卡的绑定。绑定银行卡时需要输入某张银行卡卡号、身份证号、姓名、手机号,并通过手机号验证身份,以上信息如果准确无误,即可完成绑定。一般情况下,用户需要设定一个微信支付密码,并且这个密码必须与银行支付密码不同。完成与银行卡的绑定之后,就可进行支付。关于第二层意义上的微信支付,首先需要银行开通微信公众号,微信用户与银行通过微信进行互动,并通过微信平台把客户引导到手机银行来完成支付,但前提条件是客户需要开通手机银行。

(3)微信红包。微信红包是微信与传统的"发红包"相结合的产物。微信红包分为拼手气群发红包和普通红包两种,基本操作如下:填写红包信息(金额、祝福语等)→微信支付→发送好友(群)。收发红包过程的背后则是财付通的充值功能、银行卡的提现功能和银行的支付结算功能的整合。一个典型的微信抢发红包的步骤如下:一是建立一个微信群(这相当于"定向增发");二是绑定了自己的银行卡,充入发红包的金额(比如2 000元);三是随时发送红包(也可以事先告诉群成员发送红包的时间)。红包一经发出,成员就可以在群里争抢,并可以在群里晒出各自抢到的金额,互相比拼"人品"和"运气"(因为有红包个数和红包总金额的限制,并且每个红包的金额也是由系统随机生成)。

3. 生物识别支付技术

(1)指纹支付:指纹支付是指利用近红外线照射手指,从而形成独一无二的静脉图像,识别系统把该图像存储起来,并与用户的银行账号、信用卡、网银等关联起来,当用户进行支付时,系统只需将即时获取的指纹图像与预先存储的指纹图像进行比对,就可以完成身份识别、核对,从而实现指纹识别支付。

(2)手掌支付:在采用手掌静脉识别技术的产品中,当前最为成熟、应用最广的要数"手掌卫士"PalmSecure 了。它最初由日本富士通公司研发,目的是帮助用户对个人电脑进行加密管理。如今,"手掌卫士"已经被广泛安装到欧美日许多国家多种非接触式识别装置上,包括提款机、门禁系统、收银台等,十分快捷。

(3)人脸识别支付:人脸识别是一种基于人的相貌特征信息进行身份认证的生物特征识别技术,该技术的最大特征是能避免个人信息泄露,并采用非接触的方式进行识别。人脸识别与指纹识别、掌纹识别、视网膜识别、骨骼识别、心跳识别等都属于人体生物特征识别技术,都是随着光电技术、微计算机技术、图像处理技术与模式识别等技术的快速发展应运而生的。

(4)其他生物识别支付:虽然生物识别技术早在 19 世纪就已经出现,但其真正应用还是在 21 世纪初互联网普及之后,在近几年发展较快。目前在支付领域应用最广、最便捷的,当数指掌识别和人脸识别,除此之外还包括虹膜识别、眼睛识别、声纹识别、DNA 识别和笔迹识别等支付技术。

4.其他移动支付方式

(1)电信的翼支付和联通的沃支付。翼支付是中国电信的移动支付产品,使用无线射频技术完成近场支付。用户在中国电信开通翼支付账户并储值后,即可在中国电信联盟商家和合作商户使用。翼支付不仅能够进行远场支付,也可进行近场支付。远场支付通过网站、短信、语音等方式进行(远场支付可以不需要手机),近场支付通过办理翼支付卡(RFID-UIM 卡)来完成。沃支付是中国联通的移动支付产品,使用 NFC 功能来完成近场支付。沃支付包括手机客户端(主要进行远场支付,如团购)、手机钱包(主要是近场支付,如"刷"手机购物、乘车)、手机刷卡器"沃刷"(远场与近场支付均可)。

(2)手机刷卡器:拉卡拉与快钱。目前国内手机刷卡器有两类代表。一是拉卡拉手机刷卡器,主要针对个人用户(目前大多数移动支付也主要针对个人用户)。拉卡拉的优势在于便民支付,拉卡拉支持所有银联标识的银行卡刷卡支付。拉卡拉手机刷卡器的具体业务包括转账汇款、水电气缴费、话费充值、支付宝充值等。二是快钱手机刷卡器,主要针对企业客户,如保险、旅游、直销企业。它类似国外移动支付产品 Square,插入智能手机的音频孔建立连接后,即可使用信用卡、银行卡刷卡完成支付。快钱手机刷卡器的一个典型特征是无刷卡额度限制。

第四节 新技术与客户服务

一、智能客服

智能客服是在大规模知识处理基础上发展起来的一项面向行业应用的智能化的管理系统,包括大规模知识处理技术、自然语言理解技术、知识管理技术、自动问答系统、推理技

等等,具有行业通用性,不仅为企业提供了细粒度知识管理技术,还为企业与海量用户之间的沟通建立了一种基于自然语言的快捷有效的技术手段;同时还能够为企业提供精细化管理所需的统计分析信息。

"智能客服"的概念已经流行了很多年,然而市面上大部分所谓的智能客服并不能真正解决用户的问题。谷歌推出了一款名为"Contact Center AI"(人工智能客服中心)的产品,集虚拟助理、智能信息发掘和情感分析等功能于一身,以帮助客服人员更有效地解决问题,提升用户体验。这款产品的任务不仅仅是替人类接电话,根据用户的需求完成与用户之间的多轮对话,并根据用户的指令完成任务;更重要的是,它还能帮助人类更好地接电话,当用户指令超出 AI 处理范围转接至人工客服时,它负责为人工客服提供相关信息以供参考,确保为用户提供最佳解决方案。

二、网络零售客户服务特点、类型及模式

(一) 在线零售客户服务特点

客户服务是企业面向终端消费者的一扇窗口。传统零售业的客户服务通常具备销售、服务和形象展示三项功能。网络零售环境下,在继承三项基本功能的同时,针对网络零售不受时空限制、虚拟化、高效率、专业性强等特点,对网络零售客户服务工作提出了新的要求。

1. 偏重导购销售功能

网络零售企业对客服的销售能力的要求集中体现在两方面:首先,客服岗位综合了销售、促销与服务三种职能;其次,从事与导购销售活动相关的售前客服在团队中占绝大比例。

2. 强调信息化技能

网络零售建立在互联网与信息技术广泛应用的基础上,需要计算机软硬件、通信设备、通信技术、网络技术的配合与应用。因此,从事网络零售客户服务的人员需要具备较高的信息化技能,以适应工作环境的要求。对网络零售客服的信息化技能的需求主要来自两个层面:首先是相关软硬件的正确使用与维护,其次是对多平台业务流程的快速掌握。

3. 注重服务规范性

网络零售活动具有虚拟性,消费者与商家不直接面对面交易,只能通过文字、图片、视频、语音等数字化手段获取信息。网络零售企业重视客户服务规范性具有三方面积极意义:第一,遵循规范流程,降低服务失误风险;第二,实施个性服务,提高转化率与销售额;第三,树立企业形象,提高客户满意度。

(二) 网络零售客服类型

1. 按所处电商平台分

根据网络零售企业所处的电子商务平台,网络零售客服分为 B2C 纯电商自有平台客服、B2C 传统零售企业自有平台客服、B2C 第三方平台客服三大类。

(1) B2C 纯电商自有平台客服:它主要通过在线留言方式协助商品导购,通过电话开展售后服务,典型代表如麦考林 M18 客服。

(2) B2C 传统零售企业自有平台客服:它具有线上线下双重渠道的优势,消费者在网上

渠道更关心商品价格、促销活动及退换货政策，因此客服主要针对这类问题进行解答和处理，典型代表如银泰网客服中心。

（3）B2C第三方平台客服：它主要通过第三方平台专有IM（即时通信软件）工具，开展售前、售中和售后服务，典型代表如天猫旗舰店铺客服。

2. 按服务工具分

根据网络零售客户服务所采用的工具，网络零售客服分为在线客服和电话客服两大类。

（1）电话客服一般依托呼叫中心开展服务活动，具有快捷性、双向性等优点，且自动化程度和规范性高，是展现企业服务水平与品牌形象的良好途径，但建设呼叫中心的前期投入巨大，小微企业难以承受，典型代表如银泰网电话客服。

（2）在线客服充是指用互联网低费率、高效率的优点，通过IM工具、E-mail工具、在线留言板等工具为客户提供即时有效的服务，典型代表如旺旺客服。

（三）案例分析：典型网络零售企业客服模式对比分析

网络零售企业因其发展目标、运营模式、发展阶段、业务规模等因素的不同，对客服模式的选择存在不同偏好。企业应该根据实际情况，分步骤、有计划地逐步建成完善的客户服务体系，在实践中摸索适合自身的客服模式，规范客户服务业务流程。下面我们以天猫上的一家店铺和银泰网为例，分析比较两类典型网络零售企业客服模式，见表6-2。

表6-2 银泰网和韩都衣舍天猫旗舰店客户服务比较

比较项目	银泰网	韩都衣舍天猫旗航店
平台类型	B2C传统零售企业自有平台	B2C第三方平台
服务目的	巩固高品质形象，取得市场先机	促进销售，提升知名度
服务模式	电话客服为主，在线客服为辅	在线客服为主，电话客服为辅
服务工具	呼叫中心、网站在线留言板块、E-mail	阿里旺旺、电话、E-mail
岗位细分/依据	7类岗位/呼入呼出方向	7类服务岗位/客户等级与交易环节
客服规模	80人左右	50人左右
服务成本构成	呼叫中心软硬件设备、ERP系统、场租水电、人员工资	天猫技术服务费、相关CRM软件、场租水电、人员工资
服务效率	简单问题效率低、复杂问题效率高	简单问题效率高、复杂问题效率低
优点	展现服务品质档次、自动化水平高、个性化精准服务、动态客户资源管理	高效率低成本、即时个性化服务
缺点	建设维护投入大、服务成本高	自动化管控弱、服务失误概率较大

三、人工智能环境下网络零售客服智能化升级

人工智能作为新一轮产业变革的核心驱动力和新引擎，不断催生新的技术与产品、跨行业优势，形成新的商业格局，引发经济结构重建并且改变人们的思维与习惯。未来的网络零

售企业必须进行智能化升级,首先升级的部分就是客服,通过人工智能(AI)驱动型智能服务结合当前技术如知识图谱、大数据、传感、机器学习、物联网以及客户体验因素以帮助网络零售的客服系统得到智能化升级。

(一)人工智能对网络零售客户服务的影响

1. 人工智能将改变企业组织架构

人工智能已令员工团队日益虚拟化,人工智能不会完全取代人工,但人工智能将会通过改变工作性质、创新人机关系,实现网络工具与用户之间的自动沟通。人工客服的主要功能将之前的服务响应转变成服务整合,人工客服的绩效应当是及时满足客户需求和提高客户购买效率,有了人工智能的加入,数据库规整与团队知识管理工作也将更上一个台阶。

2. 客户服务的多维度互动提升体验

人工智能客服实现24小时机器人客服在线,随时满足客户需求;建立客服数据库,让智能客服更了解客户,让企业更懂客户。加入了人工智能服务,企业与客户的互动将从直线式交易,转变为多渠道、多层级、多维度的对话与沟通。人工智能可以通过多个界面,以多种交流方式与客户进行有效沟通,不仅包括文字、交谈、图片、手势,也包括根据客户偏好虚拟现实环境等体验式互动为其带来丰富、愉悦的交流体验,提升了客户的用户体验,更加强了用户的忠诚度,让客户拥有满足感,提高满意程度,从而显著提升销量。

3. 技术以人为本提升服务效率

网络零售企业部署人工智能,客户可以更少或是不用等待,智能客服可以及时响应。智能客服会对用户进行分析,了解客户喜好,增加沟通的聚焦度,自动寻找知识图谱回应客户。人工智能将是企业迎战竞争对手的利器,企业管理层需要将其作为重点投资建设的核心能力。智能客服能够加快反馈速度,做出迅速反应。智能客服有助于打通内部办公系统,推动多部门协作高效服务客户;后台实时进行数据统计汇总,管理用户评价,进行数据挖掘和数据分析。

(二)利用人工智能进行客服智能化升级

1. 人工智能客户服务框架

人工智能客户服务针对网络零售等人力密集型行业,一方面代替人工客服完成许多重复性的、条文性的问题解答,但是更多的考虑基本都不是为了取代人工客服而是去改变现有的客服工作方式,减少烦琐的、简单的、程式化的工作内容。人工智能凭借强大的学习功能,为每位客户提供个性化服务,迅速调整体验内容。人工智能客服体系从客户提问开始进行语义理解与问题识别,并对识别的问题进行大数据搜索,分析客户含义,进行答案匹配与决策,与此同时还能进行机器的学习。当客户提出复杂的开放式问题等机器或人工智能客服无法回答的问题时,就会由人工客服进行控制或其他部门同时配合,如图6-14所示,做出更为科学的决策,让客户沟通、智能服务、服务管理和商业决策变得更流畅、更科学。

数据显示,智能客服机器人可以回答客户85%以上的常见问题,尽管机器人不能百分之百地取代客服,在句意理解上还存在少许缺陷,但机器人通过训练后会越来越聪明,也越来越拟人化,回答问题的能力也随之提升。同时,智能客服机器人会将客户的反应与反馈形成新的数据进行收录并形成知识图谱中的一个部分。智能学习通过自动收集类似问题和问

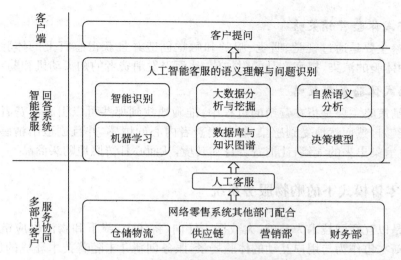

图6-14 人工智能客户服务体系结构

法,匹配相似问法自动学习以及自动收集类似问题,形成业务知识结构化搭建,基于语境频次关联式知识图谱、海量标注语料及行业细分数据,支撑后续的客服回应决策。

2. 智能机器人服务于人工客服

人工智能应服务于人工客服,企业客服智能化升级不应是简单的智能机器客服替代人工客服。事实证明,人工智能目前应该定位为辅助人工客服这个工作层面,帮助人工客服实现科学有效的服务顾客,更高效地管理客服团队,这才是人工智能客服的价值。人工智能在机器学习和大量数据的帮助下,在分析社交互动和情绪方面十分优秀。合理定位人工智能,使得它不仅能提升客户满意程度,更能受到人工客服的欢迎。

四、新零售背景下顾客服务体验的提升

(一)服务体验

所谓服务体验,是让客户对产品或公司全面体验的过程,它以提高客户整体体验为出发点,注重与客户的每一次接触,通过协调、整合售前、售中和售后等各个阶段,各种客户接触点或接触渠道,有目的地、无缝隙地为客户传递目标信息,创造匹配品牌承诺的正面感觉,以实现良性互动,进而创造差异化的客户感知价值,提升客户的忠诚度。服务体验营销是企业在充分认识、满足消费者需求的前提下,为充分满足消费者需求而在营销过程中采取的一系列活动。

(二)基于服务体验的营销策略

从行业的属性分析,服务业是体验经济的典型代表。引入体验营销模式可以帮助服务行业准确地定位市场,吸引顾客,扩大市场份额,而且体验本身也是一种高附加值的商品。随着体验经济时代的到来,消费者需求日益多样化与个性化,服务体验的出现让顾客在服务的提供过程中发挥了主动性。顾客的体验产生于顾客,但依附于企业提供的服务。体验是深藏在人们内心中的活动,是受到一些因素刺激而激发出来的感受。

1. 感官式体验营销策略

这一策略主要是通过视觉、听觉、嗅觉和触觉创造并且获得感官上的体验。产生的效果：通过这种体验的渲染，提高产品的附加值，从而引发消费者的购买动机和购买欲望。

2. 情感式体验营销策略

这种营销策略主要是指在营销的过程中，准确地找到那些可以引起消费者某种情绪亢奋的因素，能够自然而然地受到感染，触动消费者内心的情感，并且创造出情感体验。产生的效果：通过渲染出来的气氛，让消费者身临其境，从而心甘情愿地购买商品。

五、新零售模式下的购物服务系统

新零售是以互联网技术为基础、大数据为导向，将线上、线下和物流供应链结合的新型零售模式。新零售作为与用户互动的体验场景，服务创新并未随着技术环境的创新而改变，线上、线下以及物流体验还不够完善，在此背景下，购物服务系统设计成为重要的研究切入课题。可以以互联网技术为基础，运用先进技术手段，打造深度融合线上、线下和物流的新型零售模式。

（一）服务设计视角下的购物系统

以用户需求为中心，帮助提高现有的服务并创造新的服务，令用户觉得该服务更加有用、好用、满意，而且对组织者来说也更加高效。在服务设计流程中，对于依托于服务的商业性活动来说，客户消费的过程即产品被生产的过程，整个服务流程都需要服务的提供者和接受者共同参与，不同场景的不同设计与方法都会分别使服务提供者和接受者产生不同的感受，从而直接影响服务产品系统性的设计。

用户是服务设计的目标，也是服务设计的核心。新零售驱动下的用户需求进一步发生了变化，从买"商品"到买"服务"，从满足生活基本需求到生活中方方面面的精致化升级。以下是零售店铺用户群体特征、需求分析。

1. 目标购物者

目标购物者是指具有明确的消费目的的消费者。目标购物者的特征表现为有明确的购物目标，有主见，经验丰富，理智。购物过程平稳，在购物过程中冲动购物行为较少，一般持有购物清单，按计划购物，不易引发冲动消费。他们的目标需求为在购买完毕后能尽早地离开。

2. 探索购物者

探索购物者是指不仅具有明确的消费目的，而且对新鲜商品或环境具有好奇心的购物者。探索购物者的特征表现为有明确的购物目标，并且喜欢探索发现更多有趣的物品。购物过程中有适当的冲动消费。他们的目标需求为在购物目标完成的同时获得更多有趣的商品。

3. 悠闲购物者

悠闲购物者是指没有明确消费目的的消费者。悠闲购物者的特征表现为没有明确的购物目标，购物时具有较强的随机性，在购物过程中常常因为偶发因素而进行消费，如受到广告影响等。在购物过程中对新鲜事物比较敏感，易引发冲动消费。他们的目标需求为通过享受多方面的消费服务来获得个人满足。

（二）新零售服务系统构成及流程

为用户带来一定的服务价值是构建服务系统的主张，服务创新则是服务系统的提供方核心竞争力所在。以服务设计理论和服务视角下的超市系统构建创新设计策略为指导，以用户需求为中心，提升用户体验，构建新零售驱动下服务系统模型，见图6-15。

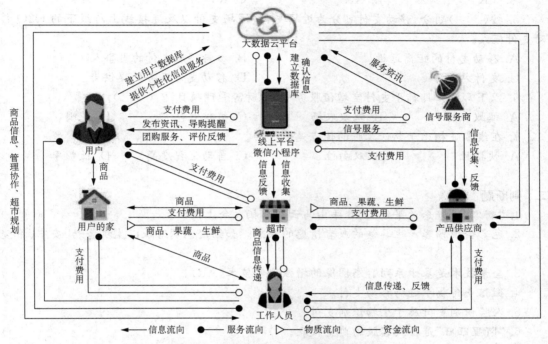

图6-15 新零售服务系统构成与业务流程

新零售服务系统包括商家、产品供应商、用户、用户的家、工作人员、小程序、大数据云平台和信号服务商等八个部分的内容。

重要概念

新零售　全渠道零售模式　大数据　人工智能（AI）　商品展示　增强现实技术（AR）　虚拟现实技术（VR）　移动支付　指纹支付　人脸识别　智能服务　服务体验　在线客服

一、单选题

1. 新零售，即企业以互联网为依托，通过大数据、人工智能等先进技术手段，对线上服务、（　　）以及现代物流进行深度融合的零售新模式。

  A. 线下购买　 B. 线下支付　 C. 线下展示　 D. 线下体验

2. ( )是研究使用计算机来模拟人的某些思维过程和智能行为(如学习、推理、思考、规划等)的学科。
  A. 人工智能   B. 大数据   C. 物联网   D. 虚拟现实技术
3. "营造文化氛围"指的是5C原则中的( )。
  A. Change   B. Character   C. Culture   D. Convenience
4. 商品展示中"增强现实技术"的英文简称是( )。
  A. VR   B. AR   C. RV   D. AV
5. 按( )划分,移动支付可分为近场支付、远场支付以及连接线上与线下的O2O移动支付模式。
  A. 移动支付的距离远近   B. 参与移动支付的当事人
  C. 支付方式   D. 移动支付服务的提供者
6. 以下哪个项目属于支付宝增值服务中的"财富管理项目"？( )。
  A. 蚂蚁森林   B. 蚂蚁农场   C. 微信红包   D. 花呗
7. 在线客服相比于电话客服的优点是( )。
  A. 快捷性   B. 双向性   C. 自动化程度高 D. 低费率

二、判断题

1. "新零售"概念最早于2016年由马云在云栖大会上提出。   ( )
2. 色彩会使顾客产生具体的或者情感的联想。如红橙色调给人以生机蓬勃、安宁、希望感。   ( )
3. 全景技术是基于系列静态图像的增强现实技术(AR)。   ( )
4. 微信支付属于近场移动支付。   ( )
5. 人脸识别支付属于生物识别支付。   ( )
6. "阿里旺旺"是在线客服的典型代表。   ( )

三、简答题

1. 简述新零售的概念与特点。
2. 绘制按移动支付提供主体划分的三种运营模式的业务流程图并简要说明。
3. 结合自己的购物体验,简要介绍支付宝支付(或微信支付)的前提条件及流程。
4. 结合自己的购物体验,举例比较电话客服与在线客服的服务工具、服务效率与优缺点。

四、情景分析题

新零售的发展模式——以盒马鲜生为例

  盒马鲜生是阿里巴巴集团旗下以数据和技术驱动的新零售平台。盒马鲜生以实体店为核心,采用"线上电商＋线下门店"的经营模式,集"生鲜超市＋餐饮体验＋线上业务仓储"三种功能于一身。

(一) 注重线上、线下与物流的结合

  盒马鲜生研发了手机APP,用APP线上下单购买的产品取自线下实体店,线上线下同源同质,打消了顾客线上购物时对生鲜质量的担忧;线下门店内设有多个APP付款通道,使消费者免于长时间等待排队结账，优化线下购物体验。这种线上与线下的合作对云计算、大数据等技术有更高的要求，为消费者提供了最方便的购物方式。

（二）整合全渠道

全渠道是以人为本的运营模式，零售企业联合制造商、售卖商家、渠道内的所有合作伙伴在同一个公共平台上进行合作，将线上与线下的数据进行匹配，为消费者提供最佳的购物体验。如盒马鲜生作为终端的零售商与产品的源头也建立了联系，用户扫描产品上的二维码即可了解产品的产地、生产日期等各类产品信息，而这在传统零售渠道中是不可能实现的。

问题：
1. 请你根据上述案例分析盒马鲜生运用了哪些新技术。
2. 从上述案例中，你能概括出新零售具有哪些特征吗？

参考文献

1. 包小云,陈东华."新零售"变迁视角下无人零售业态及发展趋势[J].商业经济研究,2019(3):32-34.
2. 卜立言,姚冰,李鹤森,孟昕.新零售驱动下的超市购物服务系统设计策略研究[J].包装工程,2019(2):13-20.
3. 曹同枝,彭友谷.烟草专卖管理[M].北京:当代世界出版社,2005.
4. 陈刚,周婷.新技术视域下的零售商业模式创新及实现路径——以苏宁云商为例[J].商业经济研究,2019(1):30-33.
5. 陈露.新零售背景下提高顾客体验的研究[J].现代商业,2015(2):15-16.
6. 陈璞等.职业道德[M].北京:中国劳动社会保障出版社,2005.
7. 崔瑞媛,徐乾.移动支付技术在零售业与O2O领域的应用研究[J].系统与方案,2014(5):77-81,88.
8. 段禄峰,唐雪萍.第三方移动支付平台的用户吸引策略研究——以手机支付宝为例[J].营销与服务,2018(4):67-70.
9. 付玮琼.商场超市经营管理158个怎么办[M].北京:化学工业出版社,2017.
10. 贡水.无人驾驶配送服务如火如荼[J].汽车与配件,2019(1):60-63.
11. 国际职业分类大典和职业资格工作委员会.中华人民共和国职业分类大典[M].北京:中国劳动社会保障出版社,2015.
12. 国务院法制办公室.中华人民共和国消费者权益保护法(含产品质量法)注解与配套(第四版)[M].北京:中国法制出版社,2017.
13. 姜见芳.常用电子元器件损坏机理及电器检修方法分析[J].中国科技纵横,2014(7):1-1.
14. 金石.屈臣氏品牌的成功经验[J].市场研究,2010(4):38-39.
15. 卷烟商品营销员编写组.卷烟商品营销员[M].北京:当代世界出版社,2007.
16. 康莉莹,刘胜利.经济法教程[M].北京:中国时代经济出版社,2003.
17. 康莉莹,刘胜利.浅议商品营业员的职业道德规范[M].北京:中国时代经济出版社,2003.
18. 赖红波.顾客感知差异化视角下设计驱动"新零售"创新的影响机理[J].中国流通经济,2019(33-3):31-39.
19. 李春红,曹永芬.移动互联网+视域下零售业新业态的形成及变革思路[J].商业经济研究,2017(10):18-20.
20. 李竞妍.浅谈新零售发展模式——以盒马鲜生为例[J].现代商业,2019(1):9-10.
21. 李茜,黄卫东,于瑞强.移动支付运营模式案例浅析[J].现代电信科技,2011(3):68-72.
22. 李忠美.基于人工智能的网络零售客服智能化升级研究[J].合作经济与科技,2017(12):130-132.
23. 林炳坤,吕庆华,杨敏.多渠道零售商线上线下协同营销研究综述与展望[J].重庆邮电大学学报(社会科学版),2017(4):94-103.
24. 铃木敏文.零售的哲学:7-Eleven便利店创始人自述[M].顾晓琳译.南京:江苏凤凰文艺

出版社,2014.
25. 刘海二.移动支付:原理、模式、典型案例与金融监管[J].西南金融,2014(5):61-64.
26. 莫书雯."互联网+"时代品牌零售终端的新型展示方式[J].美术观察,2016(6):131.
27. 彭焘.试论"大数据+零售业"的新变革[J].商业经济研究,2019(1):61-64.
28. 师群昌,帅青红.移动支付及其在中国发展探析[J].电子商务月刊,2009(2):58-64.
29. 苏朝晖.客户关系管理——理念、技术与策略(第2版)[M].北京:机械工业出版社,2015.
30. 孙琳钧,王英彦,洪圣武.基于移动电子商务的AR商品展示系统设计[J].湖南邮电职业技术学院学报,2014(4):38-40.
31. 唐凯麟,蒋乃平.职业道德与职业指导[M].北京:高等教育出版社,2001.
32. 王强,费笑松,邵帅,国许安.关于移动支付发展现状和影响因素的研究[J].金融纵横,2018(11):53-59.
33. 王易,邱吉.职业道德[M].北京:中国人民大学出版社,2009.
34. 吴勇毅.多元、创新的支付方式引爆零售消费业变革[J].中国计算机与通信,2013(8):25-28.
35. 夏清华,冯颐.传统零售企业线上线下双重商业模式创新的冲突与协同——以苏宁云商为例[J].经济与管理,2016(30-1):64-70.
36. 徐晓华.网络环境下数字商品三维虚拟展示技术分析[J].电脑知识与技术,2009(5):8961-8962.
37. 许启贤.职业道德[M].北京:蓝天出版社,2001.
38. 杨甜甜.网络零售客户服务模式分析[J].电子商务月刊,2013(5):17-20.
39. 杨忠波.第三方移动支付平台之风险管理——基于微信支付的案例分析[J].财会月刊,2019(1):127-134.
40. 喻昌学.职业素质与修养[M].北京:科学出版社,2007.
41. 岳云康.我国电子商务环境下的移动支付问题研究[J].中国流通经济,2008(1):40-43.
42. 张克夫.对当代商品营业员职业道德规范的几点认识[J].生物技术世界,2013(8):147.
43. 张敏.走进新零售时代——浅析新零售[J].中国集体经济,2019(06):66-67.
44. 张卫星,王欣.零售店铺的视觉性商品展示与沟通[J].北京市财贸管理干部学院学报,2007(23-3):34-38,13.
45. 赵宁,范巍.弘扬新时代职业道德和专业精神　打赢疫情防控阻击战[J].中国人才,2020(4):26-27.
46. 中国人民银行西宁中心支行青年研究兴趣小组课题组.互联网金融下的零售支付发展[J].青海金融,2017(1):28-34.

图书在版编目(CIP)数据

商业营业员基础知识/李福刚主编. —上海:复旦大学出版社,2020.12
ISBN 978-7-309-15326-2

Ⅰ.①商… Ⅱ.①李… Ⅲ.①商业服务-基本知识 Ⅳ.①F719.0

中国版本图书馆 CIP 数据核字(2020)第 165725 号

商业营业员基础知识
李福刚 主编
责任编辑/谢同君

复旦大学出版社有限公司出版发行
上海市国权路 579 号　邮编:200433
网址:fupnet@fudanpress.com　http://www.fudanpress.com
门市零售:86-21-65102580　团体订购:86-21-65104505
外埠邮购:86-21-65642846　出版部电话:86-21-65642845
上海四维数字图文有限公司

开本 787×1092　1/16　印张 9.25　字数 237 千
2020 年 12 月第 1 版第 1 次印刷

ISBN 978-7-309-15326-2/F · 2742
定价:25.00 元

如有印装质量问题,请向复旦大学出版社有限公司出版部调换。
版权所有　侵权必究